DICCIONARIO DE TÉRMINOS JURÍDICOS

Volumen III

de

Fundamentos de
Derecho Español

FUNDAMENTOS DE DERECHO ESPAÑOL
Volumen III.
Diccionario de Términos Jurídicos
2012

ISBN (13): 978-0-9845182-2-7
ISBN (10): 0-9845182-2-7

JuraLaw

Published by JURALAW™
an imprint of TELLERBOOKS™

t TellerBooks

tellerbooks.com/juralaw
contact@tellerbooks.com

ÍNDICE

ABREVIATURAS

AIE...............................Agrupación de interés económico
AJD ....Actos jurídicos documentados
AP ....Administración Pública
Art................................Artículo
AT ....Administración tributaria
CA................................Comunidad Autónoma
CC ....Código Civil de 1881
CCC ....Código civil de Cataluña[1]
CCo ....Código de Comercio de 22 de agosto de 1885
CE ....Constitución Española de 1978
CEE...............................Comunidad Económica Europea
CG................................Corte General
CGPJ..............................Consejo General del Poder Judicial
CNMV ....Comisión Nacional del Mercado de Valores
CP ....Ley Orgánica 10/1995, de 23 de noviembre, del Código Penal
CRom............................Convenio sobre la Ley aplicable a las obligaciones contractuales, hecho en Roma el 19 de junio de 1980
CS ....Ley 40/1991, de 30 de diciembre. Código de sucesiones por causa de muerte en el Derecho Civil de Cataluña (vigente hasta el 1 de enero de 2009)
DIPr..............................Derecho internacional privado
EA ....Estatuto de Autonomía
EAC ....Ley Orgánica 6/2006, de 19 de julio, de reforma del Estatuto de Autonomía de Cataluña
EPI ....Estatuto sobre propiedad industrial, aprobado por Real Decreto-Ley de 26 de julio de 1929

---

[1] El CCC está integrado por varias leyes, incluso: la Ley 29/2002, de 30 de diciembre, Primera Ley del Código Civil de Cataluña; la Ley 4/2008, de 24 de abril, del libro tercero del Código civil de Cataluña, relativo a las personas jurídicas; la Ley 10/2008, de 10 de julio, del libro cuarto del Código civil de Cataluña, relativo a las sucesiones; y la Ley 5/2006, de 10 de mayo, del Libro quinto del Código civil de Cataluña, relativo a derechos reales. El libro segundo, relativo a la persona y familia, aún no ha sido promulgado.

ET ....Real Decreto Legislativo 1/1995, de 24 de marzo, por el que se aprueba el Texto Refundido de la Ley del Estatuto de los Trabajadores
ETT ....Empresa de trabajo temporal
FOGASA ....Fondo de Garantía Salarial
IAE ....Impuesto sobre Actividades Económicas
IBI ....Impuesto sobre Bienes Inmuebles
IIC ....Institución de inversión colectiva
ITPAJD ....Impuesto sobre Transmisiones Patrimoniales y Actos Jurídicos Documentados
IRPF ....Impuesto sobre la Renta de las Personas Físicas
IRNR ....Impuesto sobre la Renta de no Residentes
IP ....Impuesto sobre el Patrimonio
IS ....Impuesto sobre Sociedades
ISD ....Impuesto sobre Sucesiones y Donaciones
ITP ....Impuesto sobre Transmisiones Patrimoniales y Actos Jurídicos
IVA ....Impuesto sobre el Valor Añadido
IVTM ....Impuesto sobre Vehículos de Tracción Mecánica
LAIE ....Ley 12/1991, de 29 de abril, de Agrupaciones de Interés Económico
LAP ....Ley 30/1992 de 26 de noviembre de Régimen Jurídico de las Administraciones Públicas y del Procedimiento Administrativo Común
Lat. ....Latín
LAU ....Ley 29/1994, de 24 de noviembre, de Arrendamientos Urbanos
LBRL ....Ley 7/1985, de 2 de abril, Reguladora de las Bases del Régimen Local
LC ....Ley 19/1985, de 16 de julio, cambiaria y del cheque
LCD ....Ley 3/1991, de 10 de enero, de Competencia Desleal
LCon ....Ley 22/2003, de 9 de julio, Concursal
LCoop ....Ley 27/1999, de 16 de julio, de Cooperativas
LCS ....Ley 50/1980, de 8 de octubre sobre el contrato de seguro
LDC ....Ley 15/2007, de 3 de julio, de Defensa de la Competencia
LEC ....Ley 1/2000, de 7 de enero, de Enjuiciamiento Civil
LEC 1881 ....Real Decreto 3 febrero 1881 de la Ley de Enjuiciamiento Civil[2]
LECr ....Ley de Enjuiciamiento Criminal
LEF ....Ley de Expropiación Forzosa de 1954

---

[2] Con la excepción de algunos títulos y artículos, la LEC 1881 queda derogada por la nueva LEC. La Disposición Derogatoria Única de la LEC establece las secciones de la LEC 1881 que siguen en vigor.

LETT..............................Ley 14/1994, de 1 de junio, por la que se regulan las Empresas de Trabajo Temporal

Ley 18/1982..................Ley 18/1982, de 26 de mayo, sobre Régimen Fiscal de Agrupaciones y Uniones Temporales de Empresas y de las Sociedades de Desarrollo Industrial Regional

Ley 4/1999....................Ley 4/1999, de 13 de enero, de modificación de la Ley 30/1992, de 26 de noviembre, de Régimen Jurídico de las Administraciones Públicas y del Procedimiento Administrativo Común

Ley 12/1992..................Ley 12/1992 de 27 de mayo, sobre Contrato de agencia

Ley 13/1989..................Ley 13/1989, de 14 de diciembre, de organización, procedimiento y régimen jurídico de la administración de la Generalidad de Cataluña

Ley 15/2005..................Ley 15/2005, de 8 de julio, por la que se modifican el Código Civil y la Ley de Enjuiciamiento Civil en materia de separación y divorcio

Ley 18/2007..................Ley catalana 18/2007, de 28 de diciembre, del derecho a la vivienda

Ley 27/1992..................Ley 27/1992 de 24 de noviembre, de Puertos del Estado y de la Marina Mercante

LG ....Ley 50/1997, de 27 de noviembre, del Gobierno

LGP..............................Ley 47/2003, de 26 de noviembre, General Presupuestaria

LGPub..........................Ley 34/1988, de 11 de noviembre, General de Publicidad

LGSS ....Real Decreto Legislativo 1/1994, de 20 de junio, por el que se aprueba el Texto Refundido de la Ley General de la Seguridad Social

LGT..............................Ley 58/2003, de 17 de diciembre, General Tributaria

LH ....Ley Hipotecaria, Texto Refundido según Decreto de 8 de febrero de 1946

LHM ....Ley de 16 de diciembre de 1954 sobre hipoteca mobiliaria

LIE ....Ley 38/1992, de 28 de diciembre, de Impuestos Especiales

LIIC..............................Ley 35/2003, de 4 de noviembre, de Instituciones de Inversión Colectiva

LIRPF ....Ley 35/2006, de 28 de noviembre, del Impuesto sobre la Renta de las Personas Físicas y de modificación parcial de las leyes de los Impuestos sobre Sociedades, sobre la Renta de no Residentes y sobre el Patrimonio

LIS ....Texto Refundido de la Ley del Impuesto sobre Sociedades aprobado por Real Decreto Legislativo 4/2004, de 5 de marzo

LISD ....Ley 29/1987, de 18 de diciembre, del Impuesto sobre Sucesiones y Donaciones

LITPAJD ....Texto Refundido de la Ley del Impuesto sobre Transmisiones Patrimoniales y Actos Jurídicos Documentados

LIVA...........................Ley 37/1992, de 28 de diciembre, del Impuesto sobre el Valor Añadido

LJCA ....Ley 29/1998, de 13 de julio, reguladora de la Jurisdicción Contencioso-Administrativa

LM ....Ley 17/2001, de 7 de diciembre, de Marcas

LMCE..........................Ley 43/2006, del 29 de diciembre, para la mejora del crecimiento y del empleo

LMURMT....................Ley 12/2001, del 9 de julio, de Medidas Urgentes de Reforma del Mercado de Trabajo y para el incremento del empleo y la mejora de su calidad

LNA ....Ley 48/1960, de 21 de julio, sobre la Navegación Aérea.

LO ....Ley orgánica

LO 2/1986....................Ley Orgánica 2/1986, de 13 de marzo, de Fuerzas y Cuerpos de Seguridad

LO 2/1997....................Ley Orgánica 2/1997, de 19 de junio, reguladora de la cláusula de conciencia de los profesionales de la información

LO 6/1984....................Ley Orgánica 6/1984, de 24 de Mayo, Reguladora del Procedimiento Habeas Corpus

LODP...........................Ley Orgánica 3/1981, de 6 de abril, del Defensor del Pueblo

LODR ....Ley Orgánica 9/1983, de 15 de julio, reguladora del Derecho de Reunión

LOFAGE ....Ley 6/1997, de 14 de abril, de Organización y Funcionamiento de la Administración General del Estado

LOFCA ....Ley Orgánica 8/1980, de 22 de septiembre, de Financiación de las Comunidades Autónomas

LOGC ....Ley Orgánica 11/2007, del 22 de octubre, reguladora de los derechos y deberes de los miembros de la Guardia Civil

LOLS ....Ley Orgánica 11/1985, de 2 de agosto, de Libertad Sindical

LOPJ ....Ley Orgánica 6/1985, de 1 de julio, del Poder Judicial

LOTC...........................Ley Orgánica 2/1979, de 3 de octubre, del Tribunal Constitucional

LOTCu.........................Ley Orgánica 2/1982, de 12 de mayo, del Tribunal de Cuentas

LP.................................Ley 11/1986, de 20 de marzo, de Patentes de Invención y Modelos de utilidad

LPGE ....Ley de Presupuestos Generales del Estado

LPJDI............................Ley 20/2003, de 7 de julio, de Protección Jurídica del Diseño Industrial

LPL ....Real Decreto Legislativo 2/1995, de 7 de abril, por el que se aprueba el Texto Refundido de la Ley de Procedimiento Laboral

LRHL............................Real Decreto Legislativo 2/2004, de 5 de marzo, por el que se aprueba el Texto Refundido de la Ley Reguladora de las Haciendas Locales

LRJAP ....Ley 30/1992, de 26 de noviembre, de Régimen Jurídico de las Administraciones Públicas y del Procedimiento Administrativo Común, modificada por la Ley 4/1999, de 13 de enero

LSA..............................Real Decreto Legislativo 1564/1989, de 22 de diciembre, por el que se aprueba el texto refundido de la Ley de Sociedades Anónimas

LSFCA.........................Ley 21/2001, de 27 de diciembre, por la que se regulan las medidas fiscales y administrativas del nuevo sistema de financiación de las Comunidades Autónomas de régimen común y Ciudades con Estatuto de Autonomía

LSRL............................Ley 2/1995, de 23 de marzo, de Sociedades de Responsabilidad Limitada

LTPP............................Ley 8/1989, de 13 de abril, de Tasas y Precios Públicos

MF................................Ministerio Fiscal

OCDE ....Organización para la cooperación y el desarrollo Económico

OMPI ....Organización Mundial de Propiedad Intelectual

PI..................................Propiedad intelectual

RC ....Reglamento del Congreso de los Diputados

RD ....Real Decreto

RD 1/2004 ....Real Decreto Legislativo 1/2004, de 5 de marzo, por el que se aprueba el texto refundido de la Ley del Catastro Inmobiliario

RD 1331/2006 ....Real Decreto 1331/2006, de 17 de noviembre, por el que se regula la relación laboral de carácter especial de los abogados que prestan servicios en despachos de abogados, individuales o colectivos.

RD 2064/1995 ....Real Decreto 2064/1995, de 22 de diciembre, por el que se aprueba el Reglamento General sobre Cotización y Liquidación de otros Derechos de la Seguridad Social

RD 2720/1998 ....Real Decreto 2720/1998, de 18 diciembre, por el que se desarrolla el artículo 15 del Estatuto de los

	Trabajadores en materia de contratos de duración determinada
RD 429/1993	Real Decreto 429/1993, de 26 de marzo, por el que se aprueba el Reglamento de los Procedimientos de las Administraciones Públicas en materia de Responsabilidad Patrimonial
RDL 17/1977	Real Decreto-Ley 17/1977, del 4 de marzo, sobre Relaciones de Trabajo
Regl. 1206/2001	Reglamento (CE) 1206/2001 sobre la cooperación entre los órganos jurisdiccionales de los Estado miembros en el ámbito de la obtención de pruebas en materia civil o mercantil
Regl. 1348/2000	Reglamento (CE) 1348/2000 sobre la notificación y traslado en los Estado miembros de documentos judiciales y extrajudiciales en materia civil o mercantil
Regl. 40/1994	Reglamento (CE) 40/1994 del Consejo de 20 de diciembre de 1993, sobre la Marca Comunitaria
Regl. 44/2001	Reglamento (CE) 44/2001 del Consejo, 22 de diciembre del 2000, relativo a la competencia judicial, el reconocimiento y la ejecución de resoluciones judiciales en materia civil y mercantil
Regl. Bruselas...............	Reglamento (CE) 2201/2003, de 27 de noviembre, relativo a la competencia, reconocimiento y ejecución de resoluciones judiciales en materia matrimonial y de responsabilidad parental
RGAPGIT.....................	Real Decreto 1065/2007, de 27 de julio, por el que se aprueba el Reglamento General de Actuaciones y Procedimientos de Gestión e Inspección de los Tributos
RGGIT..........................	Reglamento General de Gestión e Inspección Tributaria
RGI	Real Decreto 939/1986, de 25 de abril, por el que se aprueba el Reglamento General de la Inspección de los Tributos (vigente hasta el 1 de enero de 2008[3])
RGR	Real Decreto 939/2005, de 29 de julio, por el que se aprueba el Reglamento General de Recaudación
RGRST	Real Decreto 2063/2004, de 15 de octubre, por el que se aprueba el Reglamento general del régimen sancionador tributario
RH...............................	Reglamento Hipotecario de 1947
RRM	Real Decreto 1784/1996, de 19 de julio, por el que se aprueba el Reglamento del Registro Mercantil

---

[3] La norma actualmente vigente es la RGGIT. Sin embargo, la RGI aparece en algunas partes del resumen para efectos meramente orientativos.

RS ....Reglamento del Senado, texto refundido aprobado por la Mesa del Senado, oída la Junta de Portavoces, en su Reunión del día 3 de mayo de 1994

SA ....Sociedad anónima

SMI ....Salario mínimo interprofesional

SNE ....Sociedad nueva empresa

SRL ....Sociedad de responsabilidad limitada

SS ....Seguridad Social

ss. ....Siguientes

STC ....Sentencia del Tribunal Constitucional

TC ....Tribunal Constitucional

TEDH ....Tribunal Europeo de Derechos Humanos

TJCE ....Tribunal de Justicia de las Comunidades Europeas

TRLPI ....Real Decreto Legislativo 1/1996, de 12 de abril, por el que se aprueba el Texto Refundido de la Ley de Propiedad Intelectual, regularizando, aclarando y armonizando las disposiciones legales vigentes sobre la materia

TRLRNR ....Real Decreto Legislativo 5/2004, de 5 de marzo, por el que se aprueba el texto refundido de la Ley del Impuesto sobre la Renta de no Residentes.

TRSS ....Real Decreto Legislativo 1/1994, de 20 de junio, por el que se aprueba el Texto Refundido de la Ley General de la Seguridad Social

TS ....Tribunal Supremo

TSJ ....Tribunal Supremo de Justicia (de una Comunidad Autónoma)

UE ....Unión Europea

UTE ....Unión temporal de empresas

V. gr. ....*verbi gratia* (*exempli gratia*)

El siguiente cuadro convierte en euros valores en pesetas que aparecen frecuentemente en las leyes y otras normas[4]:

1.000 pesetas .... 6 €
30.000 pesetas .... 180 € (aprox.)
100.000 pesetas ..... 600 € (aprox.)
167.000 pesetas .... 1.000 € (aprox.)
500,000 pesetas ..... 3.000 € (aprox.)

---

[4] Los valores son aproximados y basados en la siguiente tasa:
  1 peseta ....0,006 €
  167 pesetas ....1 €

GLOSARIO

A

«A la vista» Se refiere al título valor que es pagadero a la presentación del documento, y no a un día de vencimiento determinado.

Abandono Una forma de extinción que se aplica exclusivamente a la propiedad que consiste en: (i) la *renuncia expresa* de la cosa (que no se presume por la mera des-posesión de la cosa); y (ii) el *abandono de la posesión* de la cosa.

Abintestato Un procedimiento judicial para la ordenación de herencia y la adjudicación de bienes del causante, por ausencia o defecto de testamento.

Accesión Derecho del propietario de una cosa a adquirir todo lo que su propiedad produce o que se une a ella o se incorpora natural o artificialmente (art. 353 CC).

Acción (*Derecho mercantil*) *Véase* ACCIONES. (*Derecho procesal*) El modo legal de ejercer un derecho o de pedir alguna cosa en un JUICIO. *Véase* PROCESO.

Acción confesoria Una acción real protectora del titular de una servidumbre, para mantener y restituir el ejercicio de la servidumbre contra cualquier persona que se oponga al mismo, que lo perturbe o que amenace con hacerlo.

Acción declarativa del dominio Una forma de protección de la propiedad que permite al que pretende ser propietario de un bien perseguir el reconocimiento de su derecho.

Acción indirecta *Véase* ACCIÓN SUBROGATORIA.

Acción negatoria Una forma de protección de la propiedad que permite al propietario o titular de derechos reales limitados posesorios de una finca que ya tiene la finca en su posesión *poner fin* a las *perturbaciones* e *inmisiones ilegítimas* en su derecho que no consistan en la privación o retención indebidas de la posesión (art. 544-4 CCC).

Acción pauliana Instrumento de defensa de la obligación que permite al acreedor impugnar los actos que el deudor haya realizado para disponer de su patrimonio en fraude de su derecho y que privan al acreedor de la posibilidad de cobrar sus créditos (art. 1.111 CC).

También le permite al acreedor rescindir el contrato cuando no tenga otro modo de cobrar lo que se le deba (art. 1.291 CC). *También denominada* ACCIÓN REVOCATORIA. *Compárese* ACCIÓN SUBROGATORIA.

Acción publiciana Un medio de recuperación de un bien reconocido en el CCC que sirve cuando ya se haya perdido su posesión. En contraste con la pretensión de recuperar, la acción publiciana no conlleva ningún plazo de caducidad. *Compárese* PRETENSIÓN PARA RECUPERAR.

Acción reivindicatoria Una forma de protección de la propiedad que permite a los propietarios no poseedores de un bien obtener la restitución del bien ante los poseedores no propietarios. Siguen aplicándose las protecciones posesorias que las leyes reconocen a los poseedores (art. 544-1 CCC).

Acción revocatoria *Véase* ACCIÓN PAULIANA.

Acción subrogatoria Un instrumento de defensa de la obligación que habilita al acreedor *ejercer los derechos y acciones del deudor* para realizar cuanto se le debe, exceptuando los personalísimos (art. 1.111 CC). *También denominada* ACCIÓN INDIRECTA. *Compárese* ACCIÓN PAULIANA.

Acciones (*Derecho mercantil*) Partes alícuotas del capital social de una SOCIEDAD ANÓNIMA o SOCIEDAD COMANDITARIA POR ACCIONES. Confieren a sus titulares una serie de derechos, que incluyen:

(i) el de participar en el reparto de las ganancias sociales y en el patrimonio resultante de la liquidación; (ii) el de suscripción preferente en la emisión de nuevas acciones o de obligaciones convertibles en acciones; (iii) el de asistir y votar en las juntas generales y el impugnar los acuerdos sociales; y (iv) el de información (art. 48.2 LSA).

Acciones con prima Aquellas cuyo valor de emisión es superior a su valor nominal.

Acciones liberadas Aquellas cuyo nominal está totalmente desembolsado o que no han de ser desembolsadas porque existe un patrimonio social que sirve como contrapartida de tales acciones. *Compárese* ACCIONES NO LIBERADAS.

Acciones no liberadas Aquellas cuyo nominal está parcial o totalmente embolsado. *Compárese* ACCIONES LIBERADAS.

Acciones ordinarias Aquellas que confieren a su titular la condición de socio, atribuyéndole los derechos reconocidos en la LSA y en los estatutos, sin conferir los derechos especiales de las ACCIONES PRIVILEGIADAS o ACCIONES SIN VOTO.

Acciones privilegiadas Aquellas que confieren a su titular algún derecho ventajoso frente a las ordinarias. No se puede alterar la proporcionalidad entre el valor nominal de la acción y el derecho de voto o de suscripción preferente (art. 50 LSA). *Compárese* ACCIONES ORDINARIAS.

Acciones rescatables Aquellas que son rescatables a solicitud de la sociedad emisora, de sus titulares o de ambos. Sólo pueden ser emitidas por las sociedades cotizadas y por un importe nominal no superior a la cuarta parte del capital social (art. 92 bis, apdo. 1 LSA).

Acciones sin voto ACCIONES PRIVILEGIADAS que, sin conferir a sus titulares el derecho de voto, conllevan una serie de derechos especiales, que incluyen: (i) la percepción de un *dividendo anual mínimo* fijo o variable; (ii) la no afectación por la reducción del capital social por pérdidas, sino cuando la reducción supere el valor nominal de las restantes acciones; y (iii) el derecho a obtener el reembolso del valor desembolsado antes de que se distribuya cantidad alguna a las restantes acciones en caso de liquidación de la sociedad (art. 91 LSA). *Compárese* ACCIONES ORDINARIAS.

Accionista El titular de ACCIONES de la SOCIEDAD ANÓNIMA o SOCIEDAD COMANDITARIA POR ACCIONES, al que la LSA confiere la condición de SOCIO (art. 48.1 LSA).

Aclaración de la sentencia Se refiere al acto de esclarecer algún concepto oscuro y rectificar cualquier error material en la sentencia. Aunque la sentencia no se puede modificar, su aclaración es permisible (art. 267 LOPJ). *Véase* INVARIABILIDAD DE LA SENTENCIA.

Acogimiento Institución de protección de menores de edad por una entidad pública que tiene concedida la tutela del menor.

Acreedor hipotecario El acreedor (sujeto activo) hipotecario. Normalmente, es un banco u otra institución financiera. Se denomina «*mortgagee*» en el derecho anglosajón. *Compárese* HIPOTECANTE.

Acto administrativo La consecuencia material de la relación entre la AP y el administrado que consiste en una declaración de *voluntad*, de *juicio*, de *conocimiento* o de *deseo* hecha por una AP en ejercicio de una potestad administrativa que no es la reglamentaria.

Acto administrativo firme (en vía administrativa) Un ACTO ADMINISTRATIVO contra el que no se puede interponer los recursos administrativos comunes (de alzada y de reposición), por no haber sido interpuesto en plazo el recurso en vía administrativa o por haber sido recurrido y resuelto. Se puede interponer el recurso extraordinario de revisión en los supuestos tasados en la ley y cabe además la revisión de oficio si incurre en nulidad de pleno derecho o la declaración de lesividad.

Acto administrativo anulable Un ACTO ADMINISTRATIVO que incurra en cualquier infracción del ordenamiento jurídico que no sea subsumible por el art. 62 LAP (actos nulos de pleno derecho), incluso la DESVIACIÓN DE PODER (*véase* art. 63.1 LAP). *Compárese* ACTO ADMINISTRATIVO NULO DE PLENO DERECHO y ACTO ADMINISTRATIVO IRREGULAR.

Acto administrativo irregular Un ACTO ADMINISTRATIVO que, a pesar de pequeños vicios de los que padece, sigue desplegando efectos en el orden jurídico. *Compárese* ACTO ADMINISTRATIVO ANULABLE y ACTO ADMINISTRATIVO NULO DE PLENO DERECHO.

Acto administrativo nulo de pleno derecho Un ACTO ADMINISTRATIVO que incurra en determinados vicios de ilegalidad que son, entre otros: la lesión a los *derechos y libertades* constitucionales; la incompetencia manifiesta del órgano que lo dictó por razón de la materia o del territorio; y, entre otros, el contenido *imposible* del acto (art. 62.1 LAP). *Compárese* ACTO ADMINISTRATIVO ANULABLE y ACTO ADMINISTRATIVO IRREGULAR.

Acto de comercio Cualquier acto contractual comprendido en el CCo u otra ley mercantil o que sea análogo a un acto previsto en el CCo u otra ley mercantil (art. 2.II CCo).

Acto de trámite Un ACTO ADMINISTRATIVO preparatorio del ACTO RESOLUTORIO que, a no tener la consideración de ACTO DE TRÁMITE CUALIFICADO, no resuelve el fondo del asunto y no puede ser objeto de recursos administrativos. La suma de actos de trámite es igual al ACTO RESOLUTORIO.

Acto de trámite cualificado Un tipo ACTO DE TRÁMITE que puede ser objeto de un recurso administrativo. Puede ser cualquier acto de trámite que: (i) decida directa o indirectamente el *fondo del asunto*; (ii) determine la *imposibilidad de continuar el procedimiento*; (iii) produzca *indefensión* irreparable a derechos e intereses legítimos; o (iv) produzca *perjuicio irreparable* a

derechos e intereses legítimos. *Véase* ACTO DE TRÁMITE.

Acto libera in causa *Véase* PRINCIPIO DEL *ACTIO LIBERA IN CAUSA*.

Acto resolutorio Un ACTO ADMINISTRATIVO que finaliza el procedimiento administrativo, reflejando una decisión *final* de la AP, que puede ser impugnada mediante el recurso de alzada si no agota la vía administrativa o, si agota la vía administrativa, mediante el recurso potestativo de reposición o ante la jurisdicción. *Compárese* ACTO DE TRÁMITE.

Acto que agota la vía administrativa El concepto de agotar la vía administrativa sirve principalmente el fin de determinar qué recurso administrativo ordinario se puede interponer: mientras que el recurso de alzada se aplica cuando el acto no agota la vía administrativa, el recurso de reposición se aplica cuando sí se la agota.

Adaptación Una NORMA DE APLICACIÓN que resuelve los problemas que pueden surgir en la aplicación de las normas reguladoras. La adaptación se aplica cuando la norma de conflicto designa la aplicación de leyes estatales diferentes a varios aspectos de una misma situación privada internacional.

Adhesión procesal *Véase* INTERVENCIÓN ADHESIVA.

Administración Pública Una organización de carácter público dotada de personalidad jurídica propia que tiene como fin *el servicio* *del interés general* con pleno sometimiento a la ley y al derecho.

Administración Pública territorial *Véase* ENTE PÚBLICO TERRITORIAL.

Administrador (*Derecho mercantil*) *Véase* ÓRGANO DE ADMINISTRACIÓN.

Adquisición *a non domino* La adquisición de propiedad de bienes muebles de un no-propietario por un comprador de buena fe cuando compre a título oneroso (art. 522-8.1 CCC).

Adquisición preferente El derecho que tiene una persona para conseguir una cosa antes de cualquiera otra.

Adquisición procesal *Véase* PRINCIPIO DE ADQUISICIÓN PROCESAL.

Aduana Los derechos recibidos por las oficinas gubernamentales situadas en las fronteras nacionales de los Estados por las mercancías que crucen dichas fronteras como importación o exportación.

Aeronave Una aeronave puede ser cualquier construcción apta para el transporte de personas o cosas capaz de navegar por el aire (art. 11 LNA).

Afianzamiento mercantil *Véase* FIANZA MERCANCIL.

Afiliación El acto de integrarse en el sistema de SS mediante inscripción. Se afilia toda persona, simplemente por el hecho de ser persona, como requisito para obtener beneficios de la protección del sistema de SS.

Albacea Una persona encargada por el testador o por el juez de cumplir la voluntad del causante y custodiar sus bienes hasta repartirlos entre los herederos y legatarios.

Aleatorio Se refiere al negocio jurídico oneroso en que no se sabe si será equivalente o no las contraprestaciones. Ej.: un CONTRATO DE RENTA VITALICIA.

Alimentista El que recibe alimentos.

Allanamiento Conducta posible del demandado frente a la demanda por la cual reconoce los hechos alegados y acepta lo que el demandante pide en la demanda.

Amnistía Concesión de gracia que procede no del poder ejecutivo, sino del poder legislativo. Por regla general, viene por razones humanitarias. Como el INDULTO, extingue la responsabilidad criminal.

Amortización Se refiere a las inversiones en los bienes inmovilizados (materiales e inmateriales) por la depreciación que normalmente sufren por su funcionamiento, uso y disfrute por el transcurso de tiempo o por la obsolescencia que pueda afectarlos. Las cantidades que en concepto de amortización correspondan a la *depreciación efectiva* son deducibles (art. 11.1 LIS).

Ampliación de la demanda Antes de que el demandado contesta a la demanda en veinte días, el actor puede ampliarla para acumular nuevas acciones o dirigirlas contra otros demandados (art. 401.1).

Antecedente histórico Un principio de interpretación jurídica según el cual una interpretación tiene más credibilidad cuando está basada en las instituciones históricas precedentes a la norma. *Compárese* ANTECEDENTE LEGISLATIVO.

Antecedente legislativo Un principio de interpretación jurídica según el cual se le da peso a la interpretación basada en lo que dicen los debates parlamentarios u otra constancia de la elaboración de una norma. *Compárese* ANTECEDENTE HISTÓRICO.

Anticresis El derecho real de garantía en virtud del cual el acreedor adquiere el derecho de percibir los frutos de una finca que entrega el deudor, con la obligación de aplicarlos al pago de los intereses, si se debieren, y después al del capital de su crédito.

Apoderamiento El acto jurídico que produce el poder de la representación. *También denominado* NEGOCIO JURÍDICO DE APODERAMIENTO.

Aportación social La contribución que debe realizar todo socio al fin común societario. Podrá ser objeto de la aportación social todo bien susceptible de valoración económica, tanto COSAS como DERECHOS PATRIMONIALES (art. 36.1 LSA). *Véase* APORTACIÓN SOCIAL *IN NATURA*.

Aportación social *in natura* Una APORTACIÓN SOCIAL que no consiste en dinero, sino en otro tipo de bienes (cosas o derechos patrimonials). En todo caso, ha de ser susceptible de valoración económica y objeto de un informe elaborado por unos o varios expertos

independientes en los términos fijados en el art. 38 LSA.

Apremio (*Derecho tributario*) Dentro del periodo ejecutivo en la recaudación de impuestos, es un mandamiento que emite la AT para el cobro de impuestos. También se refiere a un recargo que se impone al obligado tributario por su demora en el pago de un impuesto.

Apremio sobre el patrimonio (*Derecho administrativo*) Una forma de EJECUCIÓN FORZOSA para la ejecución de actos administrativos de contenido económico (ej.: una deuda tributaria que debe el administrado a la AP). La AP ha de notificar al sujeto la acción en cuestión, y si éste no cumple con su obligación en el plazo que corresponde, la AP puede iniciar la vía de apremio sobre el patrimonio, embargando sus bienes mediante el procedimiento recaudatorio en vía ejecutiva.

Aprovechamiento parcial Un derecho real limitado que establece a favor de una persona una serie de derechos que permiten algún servicio, aprovechamiento o utilidad de naturaleza real sobre una finca ajena, con independencia de toda relación entre fincas (ej.: el derecho de apacentar ganado).

Armador Persona que arma o equipa el buque, poniéndolo en condición técnica para asegurar su navegabilidad y dotándolo de todos los instrumentos necesarios.

Arras (*Derecho civil*) La entrega de una suma de dinero que un contratante hace al otro en el momento de la conclusión del contrato. Las partes podrán configurar las arras como quieren, según tres modos: (i) las arras confirmatorias; (ii) las arras penales; y (iii) las arras penitenciales. (*Derecho mercantil*) En el derecho mercantil, si una parte incumple, las arras penitenciales se perderán (o, en su caso, se devolverán dobladas), pero la obligación no se desaparecerá; seguirá la parta obligada al cumplimiento. De esta manera, las arras en el derecho mercantil son distintas a las del derecho civil.

Arrendamiento empresarial *Véase* RENTING.

Arrendamiento financiero *Véase* LEASING.

Arrendatario *Véase* inquilino.

Aseguramiento de la prueba Consiste en asegurar la fuente de la prueba para que se pueda practicar al día del juicio.

Asamblea de obligacionistas *Véase* ASAMBLEA GENERAL DE OBLIGACIONISTAS.

Asamblea general de obligacionistas (*Derecho mercantil*) La reunión de obligacionistas de la SOCIEDAD ANÓNIMA para la toma de decisiones en las materias que afectan a los legítimos intereses de los obligacionistas. Podrá modificar las garantías de las obligaciones, destituir o nombrar al comisario, ejercer las acciones judiciales que corresponden y aprobar los gastos ocasionados por la defensa de los intereses comunes (art. 300 LSA). *Compárese* JUNTA GENERAL DE SOCIOS.

Asistencia jurídica gratuita Exención de costas procesales por razones de pobreza. Es disponible cuando así lo disponga la ley y, en todo caso, respecto de quienes acrediten insuficiencia de recursos para litigar (art. 119 CE).

Asistencia jurídica internacional Comunicación y cooperación entre los tribunales de diferentes Estados para garantizar el derecho y la justicia en dichos Estados.

Asociación Una entidad o persona jurídica compuesta de personas que se unen para alcanzar un fin determinado y común que puede ser de interés público (sin ánimo de lucro) o particular (el fin común de lucro).

Asociación empresarial Una manifestación del asociacionismo empresarial que consiste en un organización de empresarios que tiene el fin de promocionar y defender sus intereses económicos o sociales. Su estructura interna y funcionamiento deberán ser democráticos (el art. 7 CE).

Audiencia previa El acto público y oral dirigido por el juez en el cual se perfila el objeto de la controversia.

Auditoria de cuentas El órgano de fiscalización de la actuación de los administradores de la SA. Tiene encomendada el estudio y la revisión de las cuentas anuales y del informe de gestión (art. 203.1 LSA).

Auto Una INTERLOCUTORIA que decide recursos contra providencias, cuestiones incidentales, presupuestos procesales o nulidad del procedimiento (245.1 LOPJ). *Compárese* PROVIDENCIA.

Autoliquidación Una declaración en la que el obligado tributario, además de comunicar a la Administración los datos necesarios para la liquidación del tributo y otros de contenido informativo, realiza por sí mismo las operaciones de calificación y cuantificación necesarias para determinar e ingresar el importe de la deuda tributaria o la cantidad que resulte a devolver o a compensar (art. 120.1 LGT).

Automatismo (*Derecho penal*) Un movimiento reflexivo que pasa por el sistema nervioso. Pueden ser aprendidos.

Autonomía La capacidad para orientar y dirigir la propia comunidad.

Autor del delito El actor que realiza el hecho por sí solo, conjuntamente o por medio de otro del que se sirven como instrumento; o el inductor del delito o el que coopera a su ejecución con un acto sin el cual no se habría efectuado (art. 28 CP). *Véase* CO-AUTOR DEL DELITO.

Aval Una firma al pie de un documento que sirve como garantía de una persona para otra. Puede ser por un comprador, arrendatario, deudor, etc. También puede referirse a la FIANZA MERCANTIL, que es otro concepto distinto. *Compárese* ENDOSO.

Axiológico Valorativo. Según SÁNCHEZ AGESTA, una de las dimensiones de la Constitución es axiológica.

B

Base imponible (*Derecho tributario*) La «magnitud dineraria o de otra naturaleza que resulta de la medición o valoración del hecho imponible» (art. 50.1 LGT). No toma en cuenta las reducciones aplicables a la base íntegra de rentas gravables. P. ej.: para el IRPF, la base imponible es igual a la renta imponible (la renta íntegra), de la cual se quita las reducciones para llegar a la BASE LIQUIDABLE.

Base liquidable (*Derecho tributario*) La «magnitud resultante de practicar, en su caso, en la base imponible las reducciones establecidas en la Ley» (art. 54 LGT). P. ej.: la base liquidable del IRPF equivale a la renta menos las reducciones.

Beneficio fiscal Un aligeramiento de la carga tributaria que consiste en una exención parcial, que puede ser una REDUCCIÓN, DEDUCCIÓN o BONIFICACIÓN.

Bienes Según el CC, son bienes las COSAS que son o que pueden ser objeto de apropiación (art. 333 CC). Según el CC, son bienes, además de las cosas, los DERECHOS PATRIMONIALES (art. 511-1.1 CCC).

Bienes corporales *Véase* COSAS.

Bienes incorporales *Véase* DERECHOS PATRIMONIALES.

Bienes inmateriales *Véase* DERECHOS PATRIMONIALES.

Bienes inmuebles Aquellos que son susceptibles de apropiación y que, en general, no pueden transportarse de un lugar a otro sin menoscabo de la cosa inmueble a que estuvieren unidos (arts. 333 a 335 CC, art. CCC). Tanto el CC (art. 334) como el CCC (art. 511-2.2 CCC) establecen listas *números clausus* de bienes inmuebles, siendo la lista de aquél más amplia de la lista de éste. *Compárese* BIENES MUEBLES.

Bienes muebles Según el CC, son muebles: (i) los BIENES susceptibles de apropiación que las leyes no califican como inmuebles; y (ii) todos los que se pueden transportar de un punto a otro sin menoscabo de la cosa inmueble a que estuvieren unidos (art. 335 CC). Según el CCC, son muebles: (i) los bienes (incluso los derechos patrimoniales) que las leyes no califican expresamente como inmuebles; y (ii) las cosas que pueden transportarse de un lugar a otro (art. 511-2.3 CCC). *Compárese* BIENES INMUEBLES.

Bienes reales *Véase* COSAS.

Bonificación Un tipo de BENEFICIO FISCAL en una parte del ingreso que ha de someterse por el sujeto pasivo a la tributación. Es un *incentivo fiscal*, parecido a la DEDUCCIÓN, que minora la *cuota a ingresar/satisfacer* (cuota líquida) en un *porcentaje*. Pero en contraste con la deducción, se aplica a las cuantías ingresadas (ej.: por cada 100 € ingresados, se grava solamente 50 €).

Buena fe (i) El principio que exige que los derechos se ejerzan según los imperativos sociales, éticos y morales. (ii) La creencia justificable de la titularidad limitada o ilimitada de un bien. (iii) La buena intención. *Compárese* MALA FE. *Véase* art. 7 CC.

C

Caducidad La extinción de un derecho de carácter general por el transcurso de un plazo de tiempo, el cual se puede suspender. A diferencia de la PRESCRIPCIÓN, es apreciable de oficio.

Caducidad de la instancia Los procesos caducan y por tanto, se archivan, cuando las partes no producen ninguna actividad procesal en un plazo determinado por la ley.

Calificación (*DIPr*) Interpretación de un término jurídico utilizado por el juez al formular una norma de DIPr según sus conceptos jurídicos. Calificar es concretar hechos de la vida real en un concepto jurídico que sirve como supuesto de hecho, o, con menos frecuencia, como punto de conexión cuando éste sea jurídico. (*Derecho tributario*) Una de las fases en la aplicación del derecho tributario a los hechos que han de ser enjuiciados.

Cambio de partes (*Derecho procesal*) El cambio de alguna parte que inicia el proceso. Hay dos clases: la SUCESIÓN MORTIS CAUSA y la SUCESIÓN INTER VIVOS. *También denominado* SUCESIÓN PROCESAL.

Capacidad (i) Empleada en un sentido general, se refiere tanto a la CAPACIDAD JURÍDICA como a la CAPACIDAD DE OBRAR. (ii) Empleada en su sentido específico, en el ámbito español, se refiere a la mayoría de edad. En este sentido, solo el menor de edad puede ser incapaz en España.

Capacidad jurídica La idoneidad para ser titular de derechos, obligaciones, y relaciones jurídicas (p.ej., una herencia). El sujeto tiene la capacidad jurídica desde su nacimiento, si viviere veinticuatro horas enteramente desprendido del seno materno (arts. 29 y 30 CC). *Véase* CAPACIDAD PARA SER PARTE.

Capacidad para comparecer en juicio *Véase* CAPACIDAD PROCESAL.

Capacidad de obrar *Véase* CAPACIDAD PARA OBRAR.

Capacidad para comparecer en juicio *Véase* CAPACIDAD PROCESAL.

Capacidad para obrar La idoneidad no solamente para ser titular de derechos, sino también, para generar efectos jurídicos (casarse, disponer una herencia, contratar, donar, suceder, etc.). El incapaz (menor de edad) y el incapacitado (art. 200 CC) carecen de la capacidad para obrar. *También denominada* CAPACIDAD DE OBRAR.

Capacidad para ser parte Aptitud para ser titular de derechos y obligaciones (herencias, deudas, etc.) y por tanto, ser parte en uno proceso. Incluye una ámplia serie de supuestos enumerados en el art. 6 LEC e incluye a las personas que tengan CAPACIDAD JURÍDICA.

Capacidad procesal La capacidad para comparecer en juicio y realizar actos jurídicos. Se limite a aquellas personas que tienen la CAPACIDAD PARA OBRAR—es decir, que estén en el pleno ejercicio de sus derechos civiles (art. 7 CC). Se excluyen los incapacitados y los incapaces. También denominada CAPACIDAD PARA COMPARAECER EN JUICIO.

Capital social desembolsado Aquella parte del capital social ya aportado por el socio a la sociedad. En el momento de constitución de la SOCIEDAD ANÓNIMA, el capital social desembolsado ha de constituir al menos el 25 % del valor nominal de cada acción (art. 12 LSA). *Compárese* CAPITAL SOCIAL NO DESEMBOLSADO y DIVIDENDO PASIVO.

Capital social no desembolsado *Véase* DIVIDENDO PASIVO.

Capitán La figura del primer orden en el buque que tiene un poder de mando y dirige la dotación.

Capitulaciones matrimoniales Pactos matrimoniales que pueden modificar y sustituir el régimen económico de un matrimonio o cualesquiera otras disposiciones por razón del mismo (art. 1.325 CC).

Casación *Véase* RECURSO DE CASACIÓN.

Caso especial de enervación del desahucio Un supuesto de satisfacción extra-procesal en que el arrendatario que debe al arrendador cantidades de rentas reclamadas en la demanda le paga al actor antes de la celebración de la vista.

casuismo Parte del derecho dedicada al estudio de casos prácticos para resolver cuestiones concretas.

Catastro (i) El registro y censo estadístico de las fincas rústicas, urbanas y de características especiales. (ii) Tributo que se impone por la posesión de un finca.

Causa de pedir *Véase* CAUSA *PETENDI*.

Causa *petendi* El supuesto de hecho (la adopción, obligación contractual, sucesión, etc.) previsto en el ordenamiento jurídico. Sus consecuencias constituyen el *PETITUM*, o suplicación, de la acción. También denominada CAUSA DE PEDIR o CAUSA *PETITUM*.

Causa *petitum* *Véase* CAUSA *PETENDI*.

Causante El sujeto que muere en el derecho de sucesiones. Como las personas jurídicas no mueren, sino extinguen, el causante siempre ha de ser una persona física.

Cedente El que cede un derecho o una cosa. *Compárese* CESIONARIO.

Censo Una prestación periódica dineraria anual, de carácter perpetuo o temporal, que se vincula con carácter real a la propiedad de una finca, la cual garantiza su pago directa e inmediatamente (art. 565-1 CCC).

Cesionario El que recibe un derecho o una cosa. *Compárese* CEDENTE.

Cheque Un documento con una orden incondicionada de su librador dirigida necesariamente a un banco de pagar a la vista al tendedor legítimo del cheque una suma determinada de dinero.

Cierre patronal Un medio de presión laboral ejercitado por el empresario a través del cierre de su establecimiento, provocando la interrupción del pago de los trabajadores. Puede servir como un medio de ejercer presión a los trabajadores, para que acepten determinadas condiciones laborales.

Cláusula de intangibilidad Se refiere a una norma reformatoria que guarda ciertos principios y conceptos fuera de cualquier toca o reforma constitucional, haciéndolas intangibles. Ej.: art. 79.3 de la Ley fundamental de Alemania.

Co-autor del delito Un cooperador que realiza un acto necesario para la realización o consumación del delito durante su *ejecución*. *Véase* COOPERADOR NECESARIO.

Código Civil de Cataluña Está integrado por varias leyes, incluso: la Ley 29/2002, de 30 de diciembre, Primera Ley del Código Civil de Cataluña; la Ley 4/2008, de 24 de abril, del libro tercero del Código civil de Cataluña, relativo a las personas jurídicas; la Ley 10/2008, de 10 de julio, del libro cuarto del Código civil de Cataluña, relativo a las sucesiones; y la Ley 5/2006, de 10 de mayo, del Libro quinto del Código Civil de Cataluña, relativo a derechos reales. El libro segundo, relativo a la persona y familia, aún no ha sido promulgado.

Coherencia en los ordenamientos jurídicos Característica en los ordenamientos por la cual las contradicciones que se pueden surgir pueden ser resueltas según criterios fijos que llegan a una respuesta correcta en casos concretos.

Comerciante Para los efectos del CCo, son comerciantes: (i) los que tienen capacidad legal para *ejercer el comercio y se dedican habitualmente* a él; o (ii) las *compañías mercantiles o industriales* que se constituyeren con arreglo al CCo (art. 1 CCo).

Comisión (*Derecho mercantil*) *Véase* CONTRATO DE COMISIÓN.

Comisión ejecutiva Órgano delegado a título colectivo al que el Consejo de Administración de una SOCIEDAD ANÓNIMA o SOCIEDAD DE RESPONSABILIDAD LIMITADA podrá designar de su seno para la gestión y/o representación de la sociedad (arts. 141.1.I LSA y 62.2.II LSRL). *Compárese* CONSEJERO DELEGADO.

Comisión rogatoria La facultad que tiene un juez de un país para solicitar la cooperación de otro juez en otro país cuando una actuación judicial tenga que practicarse fuera del territorio español. *Compárese* EXHORTO AUXILIO JUDICIAL.

Comisión rogatoria nacional *Véase* EXHORTO AUXILIO JUDICIAL.

Comité de empresa Órgano colegiado de representación para la defensa de los intereses de los trabajadores cuando la empresa o centro de trabajo cuente con cincuenta o más trabajadores (art. 63.1 ET). *Compárese* DELEGADOS DE PERSONAL.

Comodato Un tipo de PRÉSTAMO esencialmente gratuito en que una parte entrega a otra alguna cosa no fungible para que use de ella por cierto tiempo y se la devuelva en la misma condición (art. 1740 CC). *Compárese* MUTUO.

Competencia de la jurisdicción Permite a un juez o un tribunal reconocer un caso a su carga.

Competencia judicial internacional La aptitud de los órganos judiciales de un Estado para conocer las controversias internacionales privadas o públicas.

Cómplice El actor que, no siendo autor, coopera a la preparación o ejecución del hecho con actos anteriores o simultáneos de manera no necesaria para la realización del hecho (art. 29 CP). Se castiga con la pena inferior en grado a la fijada por la Ley para los autores del delito base (art. 63 CP). *Véase* COOPERADOR y COOPERADOR NO NECESARIO.

Comportamiento jurídicamente desaprobado Se refiere a la segunda cuestión en el análisis de causalidad. No todos los comportamientos que resultan en lesiones o peligro son jurídicamente desaprobados. Son pertinentes el PRINCIPIO DE LA CONFIANZA, la POSICIÓN DE GARANTE, y el PELIGRO PERMITIDO.

Comprobación de valores (*Derecho tributario*) Una valoración por la AT de los bienes del contribuyente que la AT podrá iniciar, salvo que el obligado tributario hubiera declarado utilizando los valores publicados por la propia Administración actuante en aplicación de alguno de los medios citados en el art. 57 LGT (art. 134.1 LGT). *Compárese* COMPROBACIÓN LIMITADA y VERIFICACIÓN.

Comprobación limitada (*Derecho tributario*) Uno modo de comprobación de declaraciones y autoliquidaciones en que la AT, en contraste con la VERIFICACIÓN, podrá, mediante requerimientos al contribuyente o a otros sujetos, pedir *datos adicionales* a los que ya hayan sido declarados (art. 136.1 LGT). También denominada «comprobación formal». *Compárese* COMPROBACIÓN DE VALORES y VERIFICACIÓN.

Compulsión sobre las personas Una forma de EJECUCIÓN FORZOSA que se aplica a los actos administrativos que impongan una obligación personalísima al administrado de no hacer o soportar que pueden ser ejecutados por compulsión directa sobre las personas en los casos en que la ley expresamente lo autorice y dentro del respeto a su dignidad y a los derechos reconocidos en la CE (art. 100.1 LAP).

Computación Fijación del valor del *relictum* (el caudal de la herencia) más el *donatum* (los bienes que se hubieran donado en vida del testador).

Comunicación Documento a través del cual la AP notifica al obligado tributario el inicio del procedimiento u otros hechos o circunstancias relativos al mismo o efectúa los requerimientos que sean necesarios a cualquier persona o entidad (art. 99.7.II LAP). *Véase* DILIGENCIA e INFORME.

Comunidad Una situación de cotitularidad entre dos o más personas que comparten de forma conjunta y concurrente la titularidad de la propiedad u otro derecho real sobre un mismo bien o patrimonio. La situación de comunidad nunca se presume, salvo que lo establezca una disposición legal expresa (art. 551-1 CCC).

Concurso El procedimiento que se utiliza cuando exista una situación de insolvencia por la que el deudor no pueda pagar a todos sus acreedores. Tiene como fin satisfacer los intereses de los acreedores y evitar a que solamente algunos de los acreedores puedan cobrar sus créditos.

Concurso aparente El supuesto en que varias normas penales resultan aplicables a un único comportamiento y, por tanto, hay que determinar qué norma aplicar a la exclusión de las otras (art. 8 CP). También denominado CONCURSO DE LEYES.

Concurso de leyes *Véase* CONCURSO APARENTE.

Concurso ideal de delitos Supuesto en que pueden aplicarse varias leyes penales que no se excluyen porque el hecho constituye varios delitos. Se aplica en su mitad superior la pena del delito más grave, sin que pueda exceder de la que represente la suma de las que correspondería aplicar si se penaran por separado las infracciones (art. 77.2 CP).

Concurso medial Supuesto en que varias infracciones concurren, uno de ellas siendo medio necesario para cometer la otra (art. 77.1 CP). Recibe el mismo tratamiento como el concurso ideal (una pena igual a la mitad superior de la infracción más grave).

Concurso real El hecho en que se aplica varias penas sumadas por distintas hechos y no se aplican las reglas aplicables al concurso ideal de delitos.

Condición Un elemento accidental del negocio jurídico que consiste en la producción de algún evento *futuro* e *incierto* sobre el que depende el nacimiento o extinción de una obligación. Cuando no existe una condición, será exigible la obligación (art. 1.113 CC). *Compárese* DISPOSICIÓN MODAL y TÉRMINO.

Conditio sine qua non *Véase* la TEORÍA DE LA CONDITIO SINE QUA NON.

Conexidad Se considerarán conexas las demandas vinculadas entre sí por una relación tan estrecha que sería oportuno tramitarlas al mismo tiempo a fin de evitar resoluciones que podrían ser inconciliables si los asuntos fueren juzgados separadamente (art. 28.3 Regl. 44/2001).

Conflicto interno *Véase* REMISIÓN A UN SISTEMA PLURILEGISLATIVO.

Congreso de los Diputados Una Cámara del Legislador integrada por un mínimo de trescientos y un máximo de cuatrocientos diputados elegidos por sufragio universal, libre, directo y secreto (art. 68.1 CE). *Compárese* SENADO.

Congruencia Se refiere a la calidad de la sentencia que corresponde con las pretensiones de las partes, limitándose a los elementos subjetivos (partes) y objetivos (causa) del caso, y que decide todos los puntos que han formado parte del debate. *Compárese* INCONGRUENCIA.

Conmoriencia El supuesto en que dos o más personas mueren a la vez.

Conmutativo Se refiere al negocio jurídico oneroso en que las contraprestaciones son determinadas desde el inicio.

Consejero delegado Órgano delegado a título individual al que el Consejo de Administración de una SOCIEDAD ANÓNIMA o SOCIEDAD DE RESPONSABILIDAD LIMITADA podrá designar de su seno para la gestión y/o representación de la sociedad (arts. 141.1.I LSA y 62.2.II LSRL). *Compárese* COMISIÓN EJECUTIVA.

Consejo de Administración La denominación del ÓRGANO DE ADMINISTRACIÓN que se confíe conjuntamente a más de dos personas (art. 136 LSA, art. 57.1 LSRL).

Consejo de Ministros Institución compuesta de los miembros del Gobierno bajo la dirección del Presidente del Gobierno a la que corresponde la aprobación de los proyectos de ley, la adopción de programas, planes y directrices vinculantes para los órganos de la Administración General del Estado y, entre las otras funciones enumeradas en el art. 5 LG, la remisión de los tratados internacionales a las CCGG. A través de las reuniones del Consejo, el Gobierno ejerce sus competencias.

Consejo General del Poder Judicial Órgano que gobierna el Poder Judicial. Tiene atribuido el nombramiento, ascenso, inspección y régimen disciplinario de los Jues y Megistrados y está integrado por el Presidente del Tribunal Supremo y veinte miembros nombrados por el Rey (doce entre Jueces y Magistrados; cuatro a propuesta del Congreso de los Diputados y cuatro a propuesta del Senado, entre abogados y otros juristas de reconocida competencia y con más de quince años de ejercicio en su profesión) (art. 122 CE, *véase* también arts. 107 y ss. LOPJ).

Consenso fundamental nacional Corresponde a las decisiones fundamentales nacionales del pueblo sobre la pregunta fundamental constitucional de quiénes son y cómo quieren vivir, cuya respuesta se encuentra en varios artículos de la CE.

Consentimiento Con respecto al contrato, se manifiesta por el concurso de la *oferta* y *aceptación* sobre el objeto y la causa que constituyan el contrato (art. 1.262.I CC). El contrato se perfecciona a su mero consentimiento.

Consentimiento del contrato *Véase* CONSENTIMIENTO.

Consignatario del buque La persona para quien va destinado un buque. Representa al armador en los puertos de mar.

Consortio El órgano que representa el Estado en los casos civiles.

Constitución Norma racional de máximo rango que ordena las relaciones entre los ciudadanos y los órganos gubernamentales. Representa la voluntad inerrante de un pueblo para limitar el poder político y proteger derechos fundamentales.

Consuetudinaria *Véase* DERECHO CONSUETUDINARIO.

Consumación del contrato Determina que, una vez perfeccionado, el contrato despliega efectos comunes y generales, especiales y particulares.

Contigüidad Un tipo de límite en interés privado que *resulta de las relaciones de vecindad.* Pueden regular y establecer límites a las vallas medianeras (art. 546-1 CCC); la distancia de árboles a vallas o balcones vecinos (art. 546-4 CCC); las ramas y raíces provenientes de fincas vecinas (art. 546-6 CCC); etc. *Compárese* INMISIONES.

Contrata laboral *Véase* TRABAJO POR CONTRATAS.

Contrato de adhesión Un contrato que se celebra de forma masiva, especialmente en el sector bancario, que contiene cláusulas generales impuestas unilateralmente por la parte dominante. Para proteger a los consumidores y usuarios, se establecen reglas de interpretación de cláusulas oscuras a favor de ellos.

Contrato de asistencia técnica «llave en mano» *Véase* «LLAVE EN MANO» (CONTRATO DE).

Contrato de comisión (*Derecho mercantil*) Un *mandato* en el que una parte, el *comisionista*, se obliga a prestar algún servicio o hacer alguna cosa por cuenta o en carga de otra parte, el *comitente*. El objeto de la comisión es un *acto* u *operación* de comercio (art. 244 CCo).

Contrato de concesión Contrato en que una parte, el *concesionario*, se compromete adquirir y revender los productos de otra parte, el *concedente*. El concesionario actúa en nombre y por cuenta propia, pero se encuentra obligado a actuar sometido a determinadas condiciones del concedente.

Contrato de corretaje *Véase* MEDIACIÓN (CONTRATO DE).

Contrato de engineering *Véase* ENGINEERING (CONTRATO DE).

Contrato de *factoring* *Véase* *FACTORING.*

Contrato de ingenería *Véase* ENGINEERING (CONTRATO DE).

Contrato de interinidad Una modalidad de contratos de duración determinada en la que se *sustituye a trabajadores* cuya realización laboral sea interrumpida o suspendida con *derecho a reserva del puesto* de trabajo (art. 15.1.c ET). También denominado «contrato de trabajo interino». *Compárese* CONTRATO DE TRABAJO EVENTUAL y CONTRATO PARA OBRA O SERVICIO DETERMINADOS.

Contrato de «know-how» *Véase* «KNOW-HOW» (CONTRATO DE).

Contrato de «llave en mano» *Véase* «LLAVE EN MANO» (CONTRATO DE).

Contrato de mediación *Véase* MEDIACIÓN (CONTRATO DE).

Contrato de puesta a disposición El contrato celebrado entre una *ETT* y una *empresa usuaria* teniendo por objeto la cesión de un trabajador para prestar servicios en la empresa usuaria, a cuyo poder de dirección quedará sometido aquél (art. 6.1 LETT).

Contrato de renta vitalicio Un contrato aleatorio en que el arrendatario se obliga a alquilar un piso, finca, o edificio hasta la muerte. Es aleatorio porque no se sabe hasta qué edad vivirá.

Contrato de *renting* *Véase* RENTING.

Contrato de seguro de caución *Véase* SEGURO DE CAUCIÓN.

Contrato de trabajo eventual Una modalidad de contratos de duración determinada que se celebran para atender las exigencias derivadas de las circunstancias del mercado, acumulación de tareas o exceso de pedidos (art. 15.1.b ET). *Compárese* CONTRATO DE INTERINIDAD y CONTRATO PARA UNA OBRA O SERVICIO DETERMINADOS.

Contrato de transferencia de tecnología *Véase* «KNOW-HOW» (CONTRATO DE).

Contrato entre ausentes Una modalidad contractual que se aplica en el ámbito de contratación por Internet cuya perfección se produce en el momento en que el oferente conoce la aceptación.

Contrato intervivos Un contrato que toma efecto sin esperar el fallecimiento de unas de las partes. La eficacia nace al momento en que

se crea. *Véase* CONTRATO MORTIS CAUSA.

Contrato mortis causa Contrato cuyo cumplimiento depende del fallecimiento de una persona (ej.: un testamento). *Véase* CONTRATO INTERVIVOS.

Contrato para una obra o servicio determinados Una modalidad de contratos de duración determinada en la que se contrate al trabajador para la realización de una obra o servicio determinados, con autonomía y sustantividad propia dentro de la actividad de la empresa y cuya ejecución sea en principio de duración incierta (art. 15.1.a ET). *Compárese* CONTRATO DE TRABAJO EVENTUAL y CONTRATO DE INTERINIDAD.

«Contribución» (*Derecho tributario*) Antigua denominación del impuesto para la propiedad.

Contribuciones especiales Los tributos cuyo hecho imponible consiste en la obtención por el obligado tributario de un beneficio o de un aumento de valor de sus bienes como consecuencia de la realización de obras públicas o del establecimiento o ampliación de servicios públicos (art. 2.2.b LGT). *Compárese* IMPUESTO y TASA.

Convenio colectivo Un acuerdo libremente adoptado por uno o varios empresarios y una o varias organizaciones de trabajadores alcanzado tras un proceso de negociación entre ellos. Rige las condiciones de trabajo y de productividad en un ámbito determinado (art. 82 ET).

Cooperador Hay dos tipos: el necesario y el no necesario (este última se denomina también CÓMPLICE).

Cooperador necesario Un cooperador que realiza un acto necesario para la realización o consumación del delito durante su fase de la *preparación*. *Véase* también CO-AUTOR.

Cooperador no necesario Un cooperador que realiza un acto innecesario para la realización o consumación del delito. También se denomina CÓMPLICE.

Cooperativa Una sociedad constituida por personas que se asocian para la realización de actividades empresariales encaminadas a satisfacer sus necesidades y aspiraciones económicas y sociales que les son comunes, con estructura y funcionamiento democrático (art. 1 LCoop).

Corporación Una organización con personalidad jurídica cuya gestión se encomienda a los miembros que la gobiernan. *Véase* CORPORACIÓN DE DERECHO PÚBLICO .

Corporación de derecho público *Véase* ORGANISMO PÚBLICO CORPORATIVO.

Corredor *Véase* MEDIADOR.

Corretaje (contrato de) *Véase* MEDIACIÓN (CONTRATO DE).

Cortes Generales Órgano constitucional que representa al pueblo español y está formado por el CONGRESO DE LOS DIPUTADOS y el SENADO (art. 66.1 CE).

Cosa juzgada Se refiere a la prohibición de juzgar de nuevo un hecho que ya ha sido resuelto en un litigio anterior. También denominada *RES JUDICATA*.

Cosa juzgada formal Se refiere a la seguridad jurídica al momento procesal en que una resolución judicial es firme. *Véase* COSA JUZGADA MATERIAL.

Cosa juzgada material Implica que no se puede volver a poner una demanda idéntica a la del proceso ya juzgado cuando los sujetos, objeto (*petitum*), y causa *petendi* (supuesto de hecho) sean idénticos al anterior. *Véase* COSA JUZGADA FORMAL.

Cosas Aquellos BIENES que son corporales (ej.: una finca) o susceptibles de la percepción (ej.: la energía apropiable del sol). En las palabras del CCC, las cosas son «los objetos corporales susceptibles de apropiación, así como las energías, en la medida en que lo permita su naturaleza» (art. 511-1.2 CCC). Pueden ser muebles o inmuebles. *También denominadas* DERECHOS REALES. *Compárese* DERECHOS PATRIMONIALES.

Costumbre Una fuente formal, directa y segundaria de derecho creada por el uso reiterado y uniforme del pueblo. Sólo regirá en defecto de ley aplicable, siempre que no sea contraria a la moral o al orden público y que resulte probada (art. 1.3 CC).

Crisis procesal Una situación procesal en que un óbice afecta al normal desarrollo del proceso. Son crisis procesales: la PREJUDICIALIDAD PENAL EN EL

PROCESO CIVIL; las CUESTIONES INCIDENTALES; y la SUSPENSIÓN DEL PROCESO.

Criterios de interpretación jurídica *Véase* INTERPRETACIÓN JURÍDICA.

Cuasicontrato Un hecho voluntario y lícito que produce obligaciones a favor de terceros sin convención contractual cualquiera. Crean obligaciones cuasi contractuales: (i) la GESTIÓN DE NEGOCIOS SIN MANDATO; (ii) el ENRIQUECIMIENTO SIN CAUSA; y (iii) el pago de lo indebido.

Cuestiones incidentales Supuesto de la CRISIS DEL PROCESO. Son las cuestiones que guarden relación inmediata con las cuestiones que constituyan el objeto principal del pleito, pero que son distintas (ej.: la cuestión incidental de previo pronunciamiento del art. 390 LEC).

Culpa Responsabilidad civil o penal que surge cuando uno comete un acto o una omisión jurídicamente desaprobado, que sea imprudente o doloso (en este último supuesto, se denomina CULPA INTENCIONAL).

Culpa intencional CULPA dolosa.

Culpable Que tiene CULPA; responsable.

Culpabilidad La capacidad para comprender la ilicitud de un hecho o actuar conforme a esa comprensión. Ya que supone una cierta aptitud para comprender la ilicitud del acto, los sujetos que carecen de esta aptitud (que no pueden comprender lo que hacen, o que lo comprenden pero no pueden actuar

diferentemente), no pueden ser culpables (responsables; a no confundir con CULPOSO).

Culposo Imprudente; negligente. *A no confundir con* CULPABLE.

Cuota diferencial (*Derecho tributario*) Resultado de minorar la CUOTA LÍQUIDA en el importe de la deducción de las prestaciones ya satisfechas (pagos fraccionados, retenciones, ingresos a cuenta y cuotas), conforme a la normativa de cada tributo (art. 56.6 LGT).

Cuota íntegra (*Derecho tributario*) Se determinará aplicando el TIPO DE GRAVAMEN a la BASE LIQUIDABLE según cantidad fija señalada al efecto (art. 56.1 LGT).

Cuota líquida (*Derecho tributario*) El resultado de aplicar sobre la CUOTA ÍNTEGRA las DEDUCCIONES, BONIFICACIONES, adiciones o coeficientes previstos, en su caso, en la ley de cada tributo (art. 56.5 LGT).

Cuota líquida total (IRPF) (*Derecho tributario*) Equivale a la suma de las dos CUOTAS LÍQUIDAS, la estatal prevista en el art. 67 LIRPF y la autonómica prevista en el art. 67 LIRPF (art. 79 LIRPF).

Curatela Una institución de protección de los incapaces que exige que, para la validez de la voluntad que manifiesta la persona afectada, que se acompañe por la voluntad del curador. Es decir, la voluntad de la persona sometida a la curatela ha de ser complementada por la voluntad de su curador.

Custodia, obligación de La obligación de preservar las mercancías u objetos entregados en el mismo estado en que se los recibió.

D

Daños y perjuicios Menoscabos directos (daños) e indirectos o derivados (perjuicios) causados en una persona por el incumplimiento de una obligación que da lugar a una indemnización justificada (*véase* art. 1.101 CC).

Declinatoria Petición mediante la cual el demandado denuncia la falta de competencia o de jurisdicción de un juzgado.

Deducción (*Derecho tributario*) Un porcentaje que se minora de la CUOTA LÍQUIDA, no por la capacidad del sujeto pasivo a contribuir (como es el caso de la reducción), sino por un *incentivo fiscal*. *Compárese* REDUCCIÓN.

Defensa técnica Implica la intervención de un abogado, que fuera de las excepciones articuladas en el art. 31 de la LEC ha de intervenir en el caso. *Compárese* REPRESENTACIÓN PROCESAL.

Defensor del Pueblo El alto comisionado de las CCGG a nivel estatal designado por éstas para velar por la defensa de los derechos fundamentales. Podrá supervisar la actividad de la AP, dando cuenta a las CCGG (art. 54 CE).

Defensor judicial Órgano de representación que el juez nombra para amparar los intereses de los menores, incapacitados o declarados pródigos.

Delación Fenómeno sucesorio en que se abre una ventana en la que el vocado puede aceptar o repudiar la herencia. El art. 658 CC utiliza la palabra «deferir» porque la sucesión es ofrecida al llamado, dándole una ventana para aceptar o renunciar.

Delegado de personal El órgano de representación de los trabajadores en una empresa que cuenta con más de diez y menos de cincuenta trabajadores. Asimismo, los centros de trabajo con entre seis y diez trabajadores podrán tener un delegado de personal cuando los trabajadores por mayoría así opten (art. 62.1 ET). *Compárese* COMITÉS DE EMPRESA.

Delito Una acción antijurídica que da lugar a daños o condiciones de peligro concreto o abstracto. Se tipifica en una figura legal en el CP. Todo delito debe ser previsto en la Ley y el comportamiento del culpable debe ser conforme a las condiciones objetivas de la ley para que se le castiguen.

Delito común *Véase* DELITO DE DOMINIO.

Delito continuado Delito que la ley castiga como un solo hecho, aunque normalmente sean varios.

Delito de dominio Un delito que puede ser cometido por cualquiera persona actuando por sí solo, conjuntamente, o por medio de otro del que se sirve como instrumento. También denominado DELITO COMÚN. Compare la INFRACCIÓN DE DEBER.

Delito especial *Véase* INFRACCIÓN DE DEBER.

Delito masa Un delito continuado en que el sujeto actúa mediante acciones defraudatorias inspiradas en un único propósito criminal.

Delito menor *Véase* FALTA.

Demanda El acto procesal en que se inicia el proceso y se formula una petición ante un juzgado. En la demanda ordinaria, debe constar lose datos y circunstancias del actor y demandado; los hechos y los fundamentos de derecho numerados y separados; y lo que se pida con claridad y precisión (art. 399.1 LEC).

Deóntico Que se refiere a deberes.

Depósito Contrato en que una parte, el depositario, recibe una cosa ajena y se obliga a conservarla y restituirla, y otra parte, el depositante, se obliga a rembolsar al depositario los gastos que haya hecho para la conservación de la cosa depositada y a indemnizarle de todos los perjuicios que se le hayan seguido del depósito.

Derecho administrativo Una rama de derecho público interno que regula: (i) la organización administrativa; (ii) la relación entre la AP y los administrados, con particular atención a su comportamiento frente a ellos; y (iii) la relación de las diferentes AAPP entre sí.

Derecho consuetudinario El conjunto de normas que suelen ser no escritas que proceden de la costumbre de un determinado pueblo, especialmente en épocas antiguas.

Derecho de acrecer El derecho que les corresponde a los coherederos llamados juntos a hacer suya la porción de la herencia del coheredero que no la puede aceptar.

Derecho de adquisición preferente *Véase* ADQUISICIÓN PREFERENTE.

Derecho de crédito *Véase* DERECHO PERSONAL.

Derecho de la persona El conjunto de instituciones que se refieren al individuo. Es posible distinguir entre el ESTATUTO PERSONAL—el conjunto de normas jurídicas que regulan las cuestiones aplicables a la persona (la intimidad, la familia, etc.)—y la y la LEY PERSONAL que regula estas cuestiones (art. 9.1 CC). A no confundir con el DERECHO PERSONAL. *Compárese* DERECHO REAL.

Derecho de prenda *Véase* PRENDA.

Derecho de representación El derecho que tienen los parientes de una persona para sucederle en todos los derechos que tendría si viviera o hubiera podido heredar (art. 924 CC).

Derecho de sucesiones El conjunto de normas que regulan el destino de los derechos, obligaciones, y bienes del patrimonio de una persona cuando fallezca.

Derecho del trabajo y de la seguridad social El conjunto de normas que regulan el mercado de empleo y las relaciones laborales con todas las cuestiones relacionadas—la organización de las representaciones de trabajadores, los convenios colectivos, etc.

Derecho financiero La rama del derecho público que regula la actividad financiera y los recursos económicos del Estado y de los otros entes públicos para llevar a cabo sus proyectos.

Derecho fundamental Derechos que derivan de la dignidad de la persona y que tienen reconocidos el máximo nivel de protección y de garantía en el ordenamiento jurídico español.

Derecho hipotecario Conjunto de normas que regulan la inscripción en el Registro de la Propiedad.

Derecho mercantil La rama del derecho privado que regula las actividades relacionadas con la producción de bienes y la realización de servicios, el intercambio de éstas, las diversas clases de sociedades, los contratos y obligaciones mercantiles, los títulos valores, el derecho de la navegación y las instituciones concursales.

Derecho personal Un derecho de una persona respecto a otra persona cuya obligación es de dar, hacer, o no hacer alguna cosa. A no confundir con el DERECHO DE LA PERSONA. *También denominado* DERECHO DE CRÉDITO. *Compárse* DERECHO REAL. *Véase* DERECHO SUBJETIVO.

Derecho real Un derecho que tiene una persona sobre un bien mueble o inmueble, que puede ser una cosa o un derecho patrimonial. Implica una relación inmediata entre el sujeto y el bien sin intervención de cualquier otra persona. Puede ser pleno (ej.: la propiedad) o limitado (ej.: un usufructo). *Compárese* DERECHO PERSONAL.

Derecho real Un derecho que tiene una persona sobre un bien mueble o inmueble, que puede ser una cosa o un derecho patrimonial (en contraste con un derecho de una persona con otra, denominado DERECHO SUBJETIVO). Implica una relación inmediata entre el sujeto y la cosa sin intervención de cualquier otra persona. Puede ser pleno, a la exclusión de cualquier otra persona (ej.: la propiedad), o limitado (ej.: un usufructo). *Compárese* DERECHO PERSONAL y DERECHO SUBJETIVO.

Derecho subjetivo Conjunto de facultades reconocidas a la persona por la ley que le otorga la capacidad para hacer o no hacer algo o impeler o impedir a otro a hacer algo. Son tipos de derechos subjetivos el DERECHO PERSONAL, el DERECHO REAL y el DERECHO FUNDAMENTAL.

Derecho tributario Una rama del derecho financiero que consiste en el conjunto de normas que regulan los impuestos, tasas y demás tributos, así como los procedimientos administrativos de su aplicación, gestión y control.

Derechos pasivos Durante el tiempo de su servicio activo, los funcionarios públicos abonan una cuota para los derechos que tendrán al concluir su relación de servicio. Estos derechos se denominan «derechos pasivos».

Derechos patrimoniales BIENES incorporales no susceptibles de percepción (ej.: la propiedad intelectual e industrial, así como la ACCIÓN). *También denominados*

BIENES INCORPORALES y BIENES INMATERIALES. *Compárese* COSAS.

Desembolso del capital social *Véase* CAPITAL SOCIAL DESEMBOLSADO.

Desistimiento (*Derecho procesal*) Figura por la que el demandante manifiesta su voluntad de abandonar el proceso. En contraste con la RENUNCIA, no produce los efectos de COSA JUZGADA y, por lo tanto, el actor puede volver a promover juicio sobre el mismo objeto.

Despido La extinción de la relación laboral entre el empresario y un trabajador a su servicio por una decisión *unilateral* y *constitutiva* adoptada por el empresario. Hay tres tipos: el DESPIDO DISCIPLINARIO, el DESPIDO OBJETIVO y el DESPIDO COLECTIVO.

Despido colectivo Una forma de extinción del contrato de trabajo por una causa económica, técnica, organizativa o de producción— cuando en un período de noventa días, se despide por lo menos a *diez trabajadores* en centros de trabajo de menos de cien trabajadores, el *diez por ciento* en centros de entre diez y trescientos trabajadores y *treinta* en centros de trescientos o más trabajadores (art. 51.1 ET). *Compárese* DESPIDO DISCIPLINARIO y DESPIDO OBJETIVO.

Despido disciplinario Un supuesto de extinción del contrato de trabajo por la voluntad unilateral del empresario basada en un incumplimiento contractual grave y culpable del trabajador. *Compárese* DESPIDO COLECTIVO y DESPIDO OBJETIVO.

Despido objetivo La amortización de puestos de trabajo por alguna de las causas desarrolladas en el art. 52 ET: (i) la ineptitud del trabajador; (ii) la falta de adaptación del trabajador a las modificaciones en su puesto de trabajo; (iii) la necesidad de amortizar puestos de trabajo por causas económicas, técnicas, organizativas o de producción; y (iv) las faltas de asistencia al trabajo. *Compárese* DESPIDO COLECTIVO y DESPIDO DISCIPLINARIO.

Desplazamiento Un tipo de MOVILIDAD GEOGRÁFICA que supone un cambio de residencia de *menos de doce meses* en *tres años*. El trabajador podrá optar entre aceptar el desplazamiento o aceptarlo y simultáneamente impugnarlo, pero no puede solicitar la rescisión del contrato. *Compárese* TRASLADO.

Desviación de poder Un supuesto que genera la anulabilidad del ACTO ADMINISTRATIVO y que consiste en el ejercicio de potestades administrativas para fines distintos de los fijados en el ordenamiento jurídico (art. 70.2 LJCA).

Detención *Véase* DETENTACIÓN.

Detentación El ejercicio de un poder de hecho sobre una cosa o un derecho cuando concurra una de las siguientes circunstancias: (i) el detentador no tiene la voluntad aparente externa de actuar como titular de la cosa o del derecho; o (ii) tiene la voluntad necesaria, pero tolera de los titulares (art. 521-1.2 CCC). *También denominado* DETENCIÓN.

Devengo Una cantidad de dinero devengada que un sujeto tiene derecho a percibir.

Dies a quo (*Lat.*) El día en que comienza a contar un plazo. En el derecho procesal, empieza al día siguiente al día en que la parte recibe la notificación de un auto. *Compárese DIES AD QUEM.*

Dies ad quem (*Lat.*) El día en que termina un plazo. En el derecho procesal, corresponde al día después del día en que finaliza el plazo, hasta las 15 horas. *Compárese DIES A QUO.*

Diligencia (*Derecho tributario*) Un documento público que se extiende para hacer constar hechos, así como las manifestaciones del obligado tributario o persona con la que se entiendan las actuaciones. Las diligencias no podrán contener propuestas de liquidaciones tributarias (art. 99.7.III LAP). *Véase* COMUNICACIÓN *e* INFORME.

Diligencias finales (*Derecho procesal*) Instrumentos practicados para dar respuestas y despejar dudas que pueden eventualmente surgir en el juzgado después de que las partes han practicado la prueba.

Directiva europea Norma europea que ha de ser recibida por una ley española para incorporarla en el ordenamiento interno (ej.: la Sexta Directiva sobre el régimen común del IVA). Equivalen a los reglamentos en el ordenamiento español interno. *Compárese* REGLAMENTO EUROPEO.

Diseño industrial Una innovación puramente estética de las características de apariencia de un producto o de su ornamentación.

Disposición administrativa *Véase* REGLAMENTO.

Disposición general *Véase* REGLAMENTO.

Disposición modal Un elemento accidental del negocio jurídico que consiste en una carga o gravamen que acompaña a un acto de liberalidad (una sucesión o donación) que se ha de cumplir por el destinatario de la liberalidad. *Compárese* CONDICIÓN y TÉRMINO.

Disposición reglamentaria *Véase* REGLAMENTO.

Dividendo El derecho que tienen los socios a participar en los beneficios de una sociedad capitalista (*véase* art. 48.2.a LSA). Tiene dos modalidades: el DIVIDENDO ACTIVO y el DIVIDENDO PASIVO.

Dividendo activo La parte del beneficio social que la sociedad está obligada a pagar a los accionistas una vez que sus órganos acuerden su reparto. Representa por tanto un crédito que tienen los accionistas frente a la sociedad. *Compárese* DIVIDENDO PASIVO.

Dividendo pasivo Aquella parte del capital social no desembolsado (aún no aportado por el socio a la sociedad). Representa un crédito que la sociedad podrá reclamar a los accionistas y que en el momento de la constitución de la SOCIEDAD ANÓNIMA no podrá ser superior al 75 % del valor nominal de cada una de las acciones (*véase* art. 12 LSA). *También denominada* CAPITAL

SOCIAL NO DESEMBOLSADO. *Compárese* CAPITAL SOCIAL DESEMBOLSADO y DIVIDENDO ACTIVO.

Doble imposición económica de impuestos Cuando un sistema jurídico grava dos veces la misma renta (ej.: la doble imposición de impuestos a las sociedades anónimas, cuya renta se grava dos veces: una vez por el IS y uno vez por las rentas de sus socios). *Compárese* DOBLE IMPOSICIÓN JURÍDICA DE IMPUESTOS.

Doble imposición jurídica de impuestos Cuando los sistemas jurídicos de dos diferentes países gravan la misma renta. Los convenios internacionales de doble imposición intentan reducir el efecto de la doble imposición. *Compárese* DOBLE IMPOSICIÓN ECONÓMICA DE IMPUESTOS.

Documento privado (*Derecho procesal*) Un documento formalizado entre particulares sin la intervención de un funcionario público o Notario. Se consideran privados todos los documentos que no se definan como DOCUMENTO PÚBLICO (art. 324 LEC) y se valoran según las reglas de la *sana crítica* del juzgado.

Documento público (*Derecho procesal*) Un documento entre particulares formalizado por un funcionario público o Notario. Se consideran documentos públicos, entre otros, las resoluciones y diligencias de actuaciones judiciales y los documentos autorizados por Notario, denominados ESCRITURAS PÚBLICAS (art. 317 LEC). Estos documentos públicos harán prueba plena de lo que documenten (art. 319.1 LEC). *Compárese* DOCUMENTO PRIVADO.

Dolo El conocimiento concreto del riesgo que genera el actor. Dicho de otro modo, es conocer que existe el peligro de lesión del objeto.

Dominus negotii (*Lat.*) El «señor del negocio», o representado. *También denominado* PODERDANTE. *Véase* REPRESENTADO.

Donación Un acto por el cual un donante dispone de algún bien gratuitamente a favor de un donatario, que adquiere su título *si acepta* la donación en vida de aquello (art. 531-7 CCC). Se trata de un acto unilateral (no es un contrato) a título lucrativo (el donatario debe enriquecerse).

Diputación general La persona jurídica que actúa para la gestión de los intereses de las Provincias en España.

Duda «normativa» En el primer paso para determinar si se aplica el error de prohibición (art. 14.3 CP), hay que averiguar si el actor debía pensar en la ilicitud de la acción. Siempre lo debe pensar cuando confese, cause daños a terceros o cuando esté en el ámbito de reglas especiales.

E

Eficacia administrativa Un principio instrumental de la AP consagrado en el art. 103 CE que exige la satisfacción o cumplimiento por la AP de algún objetivo fijado. *Compárese* Eficiencia administrativa.

Eficiencia administrativa La Eficacia administrativa con el menor gasto posible desde un punto de vista económico y de la implementación de esfuerzos.

Ejecución de decisiones judiciales En el ámbito de DIPr, se refiere al procedimiento por el cual un tribunal da fuerza consecutiva a una decisión judicial extranjera. En el sistema interno español, se denomina Exequátur. *Compárese* Reconocimiento de decisiones judiciales.

Ejecución forzosa (*Derecho administrativo*) La ejecución obligada por las AAPP, previo apercibimiento, de los actos administrativos. Las AAPP podrán proceder a la ejecución forzosa de los actos administrativos, salvo en los supuestos en que se *suspenda la ejecución* de acuerdo con la ley, o cuando la CE o la ley exijan la intervención de los tribunales (art. 95 LAP). *Véase* Apremio sobre el patrimonio, Ejecución subsidiaria, Multa coercitiva y Compulsión sobre las personas.

Ejecución subsidiaria Una forma de Ejecución forzosa para los actos que, por no ser personalísimos, puedan ser realizados por un sujeto distinto del obligado. Las AAPP realizarán el acto, por sí o a través de las personas que determinen, a *costa del obligado* (art. 98.1, .2 LAP).

Emancipación El estado civil que permite al menor, con los límites establecidos en la ley, regir su persona y bienes como si fuera mayor de edad. La emancipación resulta de las siguientes causas: (i) la Mayor edad; (ii) el matrimonio del menor; (iii) la concesión de los que ejerzan la patria potestad; (iv) la concesión judicial (art. 314 CC); y, en el caso de la Emancipación tácita, (v) el hecho de vivir independientemente de los padres.

Emancipación tácita La Emancipación que se da lugar cuando el hijo mayor de dieciséis años, con el consentimiento de sus padres, viva independientemente de ellos. Se puede revocar en cualquier momento por los padres (art. 319 CC).

Empresa de trabajo temporal (ETT) Una empresa cuya actividad consiste en poner a disposición de otra empresa usuaria, con carácter temporal, trabajadores por ella contratados (art. 1 LETT). *Véase* Contrato de puesta a disposición.

Empresario (*Derecho laboral*) A los efectos del ET, es empresario toda persona física o jurídica o comunidad de bienes que reciba la prestación de servicios de trabajadores o asalariados, así como de las personas contratadas para ser cedidas a empresas usuarias por ETTs legalmente constituidas (art.

1.2 ET). (*Derecho mercantil*) Toda persona física o jurídica que habitualmente se dedica a la producción o distribución de bienes o servicios para el mercado.

Empresario individual Una persona física que en nombre propio desarrolla actividades económicas constitutivas de empresa.

Endoso Una firma que sirve como cesión de un título valor a favor de otra persona. Se lo escribe al dorso del título. Se utilizada generalmente por los CHEQUES. *Compárese* AVAL.

Engineering (contrato de) Contrato bilateral y consensual en que una parte, a cambio de una remuneración, presta un estudio o informe técnico-económico a otra parte para la construcción de obras civiles industriales o para la mejora de la productividad y funcionamiento de una empresa.

Enriquecimiento sin causa El desplazamiento de valores de un patrimonio a otro sin justificación legal o jurídica. Es un supuesto que da lugar al CUASICONTRATO.

Ente público *Véase* ORGANISMO PÚBLICO.

Ente público corporativo *Véase* ORGANISMO PÚBLICO CORPORATIVO.

Ente público institucional *Véase* ORGANISMO PÚBLICO INSTITUCIONAL.

Ente público territorial *Véase* ORGANISMO PÚBLICO TERRITORIAL.

Erga omnes (*Lat.*) «Contra todos». Se refiere a convenios que unifican normas de conflicto y por tanto, la ley designada se puede aplicar, incluso si es de un Estado no miembro del convenio.

Error de prohibición Causa disculpante en que el actor no pudo comprender la ilicitud de su acción porque no podía saber que su comportamiento fue ilícito. Se aplica cuando (i) el actor no debía pensar en la ilicitud de su comportamiento; o cuando (ii) debía pensar en ella pero acudió a las fuentes de información competentes y éstas le han asegurado que el comportamiento fuera lícito.

Escritura pública Un DOCUMENTO PÚBLICO que se autoriza por un Notario y que regula o realiza algún acto jurídico privado entre ciudadanos o entre ciudadanos y una AP en su actuación privada. Una vez autorizada la escritura, la cual queda bajo la custodia del Notario, hará prueba plena de lo que documente. *Véase* DOCUMENTO PÚBLICO.

Estado de autonomías Describe la organización del Estado español, que está basado en tres conceptos: la unidad, la autonomía y la solidaridad.

Estado de Derecho Principio fundamental de la CE de 1978. *Véase* PRINCIPIOS DEL ESTADO DE DERECHO.

Estado de necesidad como causa justificante (*Derecho penal*) Tiene tres requisitos: (i) un acto para salvar algo que vale más que lo que se sacrifica (mal menor); (ii) la no-provocación de la situación de necesidad; y (iii) la no-obligación de sacrificarse por su oficio o cargo.

Compare ESTADO DE NECESIDAD COMO EXCLUSIÓN DE RESPONSABILIDAD POR EL HECHO.

Estado de necesidad como exclusión de responsabilidad por el hecho (*Derecho penal*) Tiene tres requisitos: (i) un acto para salvar algo que tiene el mismo valor que lo que se sacrifica (bienes iguales); (ii) la no-provocación de la situación de necesidad; y (iii) la no-obligación de sacrificarse por su oficio o cargo. Compare ESTADO DE NECESIDAD COMO CAUSA JUSTIFICANTE.

Estado democrático Estado en que los ciudadanos, obedeciendo a las normas elaboradas por ellos, obedecen a sí mismos, no a los hombres. Por lo tanto, para hacer la Constitución del Estado democrático, es indispensable una democracia entendida de forma limitada que es representativa conforme al principio mayoritario.

Estado plurilegislativo Un Estado en que conviven una pluralidad de distintos ordenamientos jurídicos de carácter personal o territorial.

Estatuto de autonomía La norma institucional básica de cada Comunidad que el Estado reconocerá y amparará como parte integrante de su ordenamiento jurídico (art. 147.1 CE). Hay dos líneas de pensamiento respecto a su naturaleza: una que sostiene que el Estatuto es una ley orgánica y otra que afirma que es una norma semi-constitucional.

Estatuto delictual *Véase* OBLIGACIÓN EXTRACONTRACTUAL.

Estatuto personal El conjunto de normas jurídicas que regulan las cuestiones aplicables a la persona. La materia regulada en el estatuto personal en su mayor parte está situada en art. 9 CC e incluye todo lo que es inherente a la persona, como la intimidad, la familia, la capacidad, el estado civil, etc. *Véase* DERECHO DE LA PERSONA y LEY PERSONAL.

Estimación directa (*Derecho tributario*) Un método de determinación de la base imponible y liquidable que se calcula a partir de *lo declarado* mediante documentos presentados y los datos consignados en libros y registros (art. 51 LGT). *Compárese* ESTIMACIÓN INDIRECTA Y OBJETIVA.

Estimación indirecta (*Derecho tributario*) Un método de determinación de la base imponible y liquidable que se aplica cuando la AT no pueda disponer de los datos necesarios para la determinación completa de la base imponible del obligado tributario (art. 53 LGT). *Compárese* ESTIMACIÓN DIRECTA Y OBJETIVA.

Estimación objetiva (*Derecho tributario*) Un método de determinación de la base imponible y liquidable que la calcula a través de *elementos indiciarios* como las magnitudes, índices, módulos o datos previstos en la normativa propia de cada tributo (arts. 52 LGT). *Compárese* ESTIMACIÓN DIRECTA E INDIRECTA.

Excedencia La suspensión en la prestación de servicios por el trabajador y en la obligación del empresario de remunerar al trabajador. Como la excedencia es temporal, se reanuda el contrato en idénticos términos a los existentes antes de la interrupción. Hay tres tipos: la EXCEDENCIA FORZOSA, la EXCEDENCIA VOLUNTARIA y la EXCEDENCIA PARA CUIDAR A HIJOS O FAMILIARES. *Compárese* SUSPENSIÓN.

Excedencia forzosa Un tipo de EXCEDENCIA, o suspensión del contrato de trabajo, que se concede por la designación o elección del trabajador para un cargo público que le imposibilite la asistencia al trabajo. *Compárese* EXCEDENCIA PARA CUIDAR A HIJOS O FAMILIARES y EXCEDENCIA VOLUNTARIA.

Excedencia para cuidar a hijos o familiares Un tipo de EXCEDENCIA, o suspensión del contrato de trabajo, que se produce por atender al cuidado de un familiar, hasta el segundo grado de consanguinidad o afinidad, que por razones de edad, accidente o enfermedad no puede valerse por sí mismo, y no desempeñe actividad retribuida. *Compárese* EXCEDENCIA FORZOSA y EXCEDENCIA VOLUNTARIA.

Excedencia voluntaria Un tipo de EXCEDENCIA, o suspensión del contrato de trabajo, que se concede por voluntad del trabajador. Solo el trabajador con al menos un año de antigüedad en la empresa tiene el derecho a la excedencia voluntaria. *Compárese* EXCEDENCIA FORZOSA y EXCEDENCIA PARA CUIDAR A HIJOS O FAMILIARES.

Exceso intensivo de la fuerza empleada Dentro del marco de la legítima defensa como causa de justificación, se refiere al uso de fuerza que excede racionalmente la que hubiere eliminado la amenaza (ej.: utilizar una pistola cuando habría podido utilizar una navaja). Compare EXCESO EXTENSIVO DE LA FUERZA EMPLEADA.

Exceso extensivo de la fuerza empleada Dentro del marco de la legítima defensa como causa de justificación, se refiere al uso de fuerza después de la agresión ilegítima haya desaparecido. Compare EXCESO INTENSIVO DE LA FUERZA EMPLEADA.

Excusión Derecho de los fiadores para no ser compelidos al pago mientras el obligado principal o preferente tenga suficientes bienes.

Exención Supuesto en el que la ley, a pesar de la realización del hecho imponible, exime del cumplimiento de la obligación tributaria (art. 22 LGT). Puede tener referencia al hecho imponible realizado (exenciones objetivas) o a los sujetos que realizan el hecho imponible (exenciones subjetivas). *Compárese* NO SUJECIÓN.

Exequátur La figura que convierte una decisión extranjera en un título que se puede ejecutar en España. Se aplica al reconocimiento judicial y ejecución de sentencias extranjeras *sólo en casos contenciosos* con una *resolución firme*. Equivale al RECONOCIMIENTO POR CONDICIONES de la LEC 1881. *Véase* RECONOCIMIENTO DE DECISIONES JUDICIALES y EJECUCIÓN DE DECISIONES JUDICIALES.

Exhorto auxilio judicial Facultad que tiene un juez en un territorio español para solicitar la cooperación a otro juez en otro territorio español cuando una actuación judicial tenga que practicarse fuera de su distrito. *También denominado* COMISIÓN ROGATORIA NACIONAL. *Compárese* COMISIÓN ROGATORIA.

Eximente incompleta (*Derecho penal*) *Véase* EXIMENTE PARCIAL.

Eximente parcial (*Derecho penal*) La satisfacción parcial de una causa de justificación o de otro motivo de exención de responsabilidad (p. ej.: responsabilidad por el hecho). El sujeto no se exime totalmente, sino la responsabilidad criminal se atenúa (art. 21.1 CP). También denominada EXIMENTE INCOMPLETA.

Explicación del resultado Tercer elemento dentro de la causalidad. Hay que aislar e individualizar el riesgo para determinar si el conjunto de información que deriva del riesgo puede explicar el resultado.

Expropiación forzosa Una manera de extinguir el derecho real de la propiedad que consiste en la privación de la propiedad privada (incluso los derechos patrimoniales) realizada por una AP territorial (art. 1 LEF). Ha de ser fundada en la utilidad pública o interés social y la AP indemnizará al propietario con un justo precio (art. 33.3 CE).

F

Factoring Contrato atípico por el que una empresa especializada (*factoring*) facilita a otras empresas varios servicios a cambio de un porcentaje denominado «comisión» o «tarifa *factoring*». Los servicios pueden ser, por ejemplo, la selección de clientela y la gestión del cobro de facturas o créditos cedidos.

Factura Documento emitido por un empresario para cada una de sus operaciones. Contiene los detalles de los productos o servicios prestados a la otra parte.

Fadiga En los censos enfitéuticos, es el derecho de adquisición preferente del censatario y del censualista (cada uno puede adquirir el derecho del otro).

Falta Una infracción de la Ley que no alcanza el carácter grave necesario para ser considerado como delito. También denominado DELITO MENOR.

Fiador Una persona que fía o asegura un crédito, y así responde por el fiado.

Fianza Garantía personal que otorga una parte, el fiador, que se obliga a cumplir ante un acreedor una obligación en lugar de un tercero, el fiado, en el caso de no hacerlo éste (art. 1.822 CC).

Fianza mercantil Un contrato de FIANZA que tiene por objeto asegurar el cumplimiento de un contrato mercantil, incluso si el fiador no es comerciante (art. 439 CCo). *También denominado* AVAL o AFIANZAMIENTO MERCANTIL.

Filiación adoptiva Filiación que se somete a la aprobación judicial según las normas jurídicas. En el ordenamiento interno español, tiene los mismos efectos de la FILIACIÓN NATURAL.

Filiación natural Filiación en que el padre o madre tenga vínculos maritales o extra-maritales de sangre con el hijo. *Compárese* FILIACIÓN ADOPTIVA.

Fiscalización La verificación, comprobación e inspección de las cuentas y actividades de un sujeto. Puede tener distintos fines, como determinar si el sujeto paga debidamente sus impuestos y fijar si la documentación y gastos son adecuados.

Fondo de Garantía Salarial (FOGASA) Un organismo autónomo dependiente del Ministerio de Trabajo y Asuntos Sociales, con personalidad jurídica y capacidad de obrar para el cumplimiento de sus fines, que tiene la función de abonar a los trabajadores el importe de los salarios pendientes de pago a causa de *insolvencia, quiebra* o *concurso* del empresario (art. 33.1 ET).

Formación interna La actividad intelectiva volitiva que el juez debe recorrer para llegar a una resolución internamente coherente.

Foro Se refiere al tribunal de justicia que conoce un asunto determinado.

También se utiliza para hacer referencia al país del tribunal que conoce el asunto (ej.: «se aplican las leyes del foro»).

Foro concurrente Un FORO asignado competencia internacional privado por el DIPr cuando los tribunales de otros países puedan conocer de los asuntos que el Estado asigna a sus propios tribunales. *Compárese* FORO EXCLUSIVO.

Foro exclusivo Un FORO asignado competencia internacional privado por el DIPr cuando los tribunales de otros países no puedan conocer de los asuntos que el Estado asigna a sus propios tribunales. *Compárese* FORO CONCURRENTE.

Foro exorbitante Un FORO asignado competencia internacional privado que atribuya un volumen exorbitante (excesivo) de competencia judicial internacional a sus tribunales. *Compárese* FORO USUAL.

Foro neutro Un FORO asignado competencia internacional privado que no pretende proteger a la parte más débil en el litigio. *Compárese* FORO DE PROTECCIÓN.

Foro de protección Un FORO asignado competencia internacional privado por el DIPr afin de proteger a la parte más débil en el litigio. *Compárese* FORO NEUTRO.

Foro usual Un FORO asignado competencia internacional privado que atribuya un volumen razonable (usual) de competencia judicial internacional a sus tribunales. *Compárese* FORO EXORBITANTE.

Forum non conveniens Principio que permite a un tribunal que tiene competencia para conocer de algún asunto transferir el caso a otro tribunal mejor situado para conocerlo.

Fraccionamiento del pago Una modalidad de posposición del pago de una deuda, que conlleva el deber de pagar los intereses de demora y de avalar la deuda a ingresar.

Fraude de ley La manipulación artificiosa y maliciosa del punto de conexión con el propósito deliberado de eludir la aplicación de un derecho material imperativo que hubiera resultado normalmente aplicable.

Fuero convencional La atribución a un juzgado de competencia para conocer un asunto en virtud de la sumisión expresa o tácita de las partes. *Compárese* FUERO LEGAL.

Fuero legal Las normas que determinan y atribuyen la competencia territorial de un juzgado para conocer un asunto, cuando la ley lo preestablece (*Véase*, p. ej.: la LEC art. 52) o cuando no hay sumisión de las partes (FUERO CONVENCIONAL).

Fundación Una obra que adscribe un patrimonio hacía el interés público. Una parte de sus bienes se destinan a cumplir un fin establecido por el fundador.

G

Garante *Véase* POSICIÓN DE GARANTE.

Garantía *Véase* SANEAMIENTO.

Garantías jurisdiccionales Garantizan la Constitución como norma más fuerte de la nación. Se encargan de órganos especializados en derecho del modelo de poder difusivo o concentrado para examinar la acción del poder político y garantizar que sea compatible con la Constitución. *Véase* GARANTÍAS POLÍTICAS.

Garantías políticas Medios que hacen posible el cumplimiento normal de la Constitución. No responden a la necesidad de restringir los poderes públicos. *Véase* GARANTÍAS JURISDICCIONALES.

Gestión de negocios sin mandato Es un supuesto que da lugar al CUASICONTRATO en que una persona se encarga voluntariamente de la agencia o administración de los negocios de otro sin mandato (arts. 1.889 a 1.894 CC).

Gran invalidez La situación del trabajador afecto de incapacidad permanente absoluta y que, por consecuencia de pérdidas anatómicas o funcionales, necesite la asistencia de otra persona para los actos más esenciales de la vida (vestirse, desplazarse, comer, etc.) (art. 137.6 LGSS). *Compárese* INCAPACIDAD TEMPORAL, INCAPACIDAD PERMANENTE PARCIAL, INCAPACIDAD PERMANENTE TOTAL *e* INCAPACIDAD PERMANENTE TOTAL.

Grupo de empresas *Véase* UNIDAD DE EMPRESAS.

Grupo de sociedades El conjunto de una SOCIEDAD DOMINANTE y una o varias SOCIEDADES FILIALES jurídicamente independientes cuando aquella pueda directa o indirectamente ostentar el control sobre éstas (art. 42.1 CCo). *Compárese* UNIDAD DE EMPRESAS.

Guarda de hecho Una institución de protección en la que una persona, el guardador de hecho, vive con y asiste y cuida a un menor o incapaz que no es su hijo o padre.

H

Habitación El derecho a ocupar las *dependencias y anexos* de una vivienda que se indican en el *título de constitución* o, en defecto de esta indicación, los que sean *precisos para atender las necesidades de vivienda* de los titulares y de las personas que conviven con ellos.

Hacienda Tesorería.

Hacienda pública Fondos o finanzas públicos.

Hecho imponible (*Derecho tributario*) El «presupuesto fijado por la Ley para configurar cada tributo y cuya realización origina el nacimiento de la obligación tributaria principal» (art. 20 LGT).

Heredero Una persona que recibe la HERENCIA de un CAUSANTE determinado a título universal, o bien por vía legal, o bien por vía testamentaria.

Herencia Conjunto de bienes, derechos y obligaciones de una persona, que, a la hora de su muerte, no se extingan, sino se transmiten a otras personas. Se trata necesariamente de una persona física, ya que las personas jurídicas no mueren, sino extinguen.

Herencia yacente Situación en que el patrimonio del causante está en el intervalo de tiempo entre: (i) el fallecimiento del causante (que coincide con la «herencia abierta» o la «apertura de la herencia»); y (ii) la aceptación y adquisición de la herencia por alguno de los llamados.

Hipoteca Derecho real limitado que grava bienes inmuebles para el cumplimiento de una deuda. Faculta al acreedor hipotecario (el titular del derecho) la posibilidad de obtener el crédito que se le debe por vender el bien hipotecado si el deudor hipotecante no le paga.

Hipotecante El deudor (sujeto pasivo) hipotecario. Normalmente para realizar una compra, hipoteca algún bien para recibir un préstamo de un banco u otra institución financiera. Se denomina «*mortgagor*» en el derecho anglo-sajón. *Compárese* ACREEDOR HIPOTECARIO.

Horario de trabajo La distribución de las horas de trabajo efectivo y de descanso del empleado a entrar y a salir de su trabajo (ej.: de 9:30 a 17:30). El horario del empleado compone la JORNADA DE TRABAJO.

Huelga Un medio de presión laboral para forzar al empresario a adoptar un comportamiento determinado y satisfacer el interés de los trabajadores. Consiste en la suspensión temporal en la prestación de servicios por decisión colectiva de los trabajadores.

I

Impuesto Tributo que contribuye a los gastos públicos y que se exige sin contraprestación. Su hecho imponible está constituido por negocios, actos o hechos que ponen de manifiesto la capacidad económica del contribuyente (art. 2.2.c LGT). *Compárese* CONTRIBUCIONES ESPECIALES y TASA.

Impuesto directo Aquello que grava las fuentes de capacidad económica del sujeto pasivo, que se manifiesta por su obtención de renta (tributo real) o por su tenencia de bienes muebles e inmuebles (tributo patrimonial). *Compárese* IMPUESTO INDIRECTO.

Impuesto indirecto Aquello que grava una manifestación indirecta de la capacidad económica del sujeto pasivo, el consumo y los registros, que son transacciones de bienes que ponen de manifiesto la capacidad contributiva del sujeto pasivo. No pueden ser repercutidos a terceras partes.

Impuesto sobre el Valor Añadido Un tributo indirecto estatal sobre el consumo que grava la entrega de bienes, la prestación de servicios, las adquisiciones intracomunitarias y la importación de bienes. Los sujetos pasivos son las personas físicas y jurídicas.

Incapacidad La condición de ser menor de edad en España, que impone al menor de edad varios límites a su habilitación para obrar (a no confundir con la incapacitación). Por ejemplo, no podrá tomar dinero a préstamo sin el consentimiento de sus padres o curador. *Véase* INCAPACITACIÓN.

Incapacidad permanente absoluta Una incapacidad que inhabilite por completo al trabajador para toda profesión u oficio (art. 137.5 LGSS). *Compárese* INCAPACIDAD TEMPORAL, INCAPACIDAD PERMANENTE PARCIAL, INCAPACIDAD PERMANENTE TOTAL, GRAN INVALIDEZ.

Incapacidad permanente parcial La incapacidad que por enfermedad o accidente ocasione al trabajador una disminución no inferior al 33 % en su rendimiento normal para su profesión habitual, sin impedirle la realización de las tareas fundamentales de la misma (art. 137.3 LGSS). *Compárese* INCAPACIDAD TEMPORAL, INCAPACIDAD PERMANENTE TOTAL, INCAPACIDAD PERMANENTE ABSOLUTA y GRAN INVALIDEZ.

Incapacidad permanente total Una incapacidad que inhabilite al trabajador para la realización de todas o de las fundamentales tareas de su *profesión habitual*, siempre que pueda dedicarse a otra distinta. Será, por ejemplo, el caso de un pianista que pierde un dedo tras sufrir un accidente. *Compárese* INCAPACIDAD TOTAL, INCAPACIDAD PERMANENTE PARCIAL, INCAPACIDAD PERMANENTE ABSOLUTA y GRAN INVALIDEZ.

Incapacidad temporal La disminución o anulación temporal de la capacidad laboral a consecuencia de enfermedad o accidente, sean o no laborales (p. ej.: una gripe u otra enfermedad de la que da constancia un médico que impide al trabajador de realizar su trabajo). *Compárese* INCAPACIDAD PERMANENTE PARCIAL, INCAPACIDAD PERMANENTE TOTAL, INCAPACIDAD PERMANENTE ABSOLUTA y GRAN INVALIDEZ.

Incapacitación La condición de una persona quien padece de una deficiencia persistente física o psíquica que impida a la persona gobernarse por sí misma (art. 200 CC).

Incapaz En el ordenamiento español, son incapaces aquellos que son menores de edad.

Incongruencia La sentencia es incongruente cuando lo que declara o decide no corresponde a las pretensiones procesales del caso. *Compárese* CONGRUENCIA.

Indulto Concesión total o parcial de gracia por el poder ejecutiva. *Compárese* AMNISTÍA.

Información pública Período de participación indiscriminada contemplado para los reglamentos (art. 24 LG) y los actos administrativos (art. 86 LAP) en el que la AP somete su actuación a conocimiento de los ciudadanos para que éstos puedan examinar y alegar lo que estimen conveniente a sus intereses. *Compárese* TRÁMITE DE AUDIENCIA.

Informe Los órganos de la AT emitirán (de oficio o a petición de terceros) los informes que sean preceptivos conforme al ordenamiento jurídico, los que soliciten otros órganos y servicios de las AAPP o los poderes legislativo y judicial y los que resulten necesarios para la aplicación de los tributos (art. 99.7.IV LAP). *Véase* COMUNICACIÓN y DILIGENCIA.

Infracción de deber Un delito especial que sólo un tipo de persona puede cometer. También denominado DELITO ESPECIAL. Compare el DELITO DE DOMINIO.

Ingenería (contrato de) *Véase* ENGINEERING (CONTRATO DE).

Ingresos a cuenta Una modalidad de PAGOS A CUENTA del IRPF. Se aplica a las retribuciones no dinerarias o en especie sujetos al IRPF. *Compárese* PAGOS FRACCIONADOS y RETENCIONES A CUENTA.

Inimputabilidad por enfermedades Se trata de anomalías o alteraciones psíquicas por las que el sujeto no pueda comprender la ilicitud del hecho o actuar conforme a esa comprensión. Hay cuatros grupos: las psicosis; los trastornos de personalidad; los retrasos mentales; y la drogadicción.

Inmisiones Un tipo de límite en interés privado que resulta de la *existencia de situaciones de comunidad* que prohíbe al propietario de una finca de perturbar o perjudicar *a los vecinos* por la emisión de ruido, gases, vapores, olor, calor, temblor, ondas electromagnéticas, etc. *Compárese* CONTIGÜIDAD.

Inquilino Arrendatario.

Institución de inversión colectiva Una institución que tiene por objeto la captación de fondos, bienes o derechos del público para gestionarlos e invertirlos en bienes, derechos, valores u otros instrumentos, financieros o no, siempre que el rendimiento del inversor se establezca en función de los resultados colectivos (art. 1.1 LIIC).

Institucionalización de funciones Sirve para evitar el capricho de los que controlan la política. Se da fijeza a las instituciones y las une al derecho, excluyendo la posibilidad de que toda lo que el poder político quiere pueda crear Derecho.

Instrucción Un documento de carácter organizativo de la AP que la dicta. De carácter interno, establece criterios y directrices a la actuación de los funcionarios de la AP que corresponde. No tiene rango de reglamento ni fuerza normativa.

Interdicción de la arbitrariedad de los poderes públicos Se refiere a la prohibición de decisiones arbitrarias—aquellas decisiones que se fundamentan únicamente en la voluntad (no en la razón) o que no exponen las razones con base en las cuales se adoptan. *Véase* PRINCIPIOS DEL ESTADO DEL DERECHO.

Interdicto Una pretensión de protección posesoria que tiene dos modalidades: la PRETENSIÓN DE RETENER y la PRETENSIÓN PARA RECUPERAR.

Interlocutoria Resolución judicial que impulsa y hace avanzar el caso. Puede tomar la forma de PROVIDENCIA o AUTO.

Interpretación constitucional La interpretación constitución implica no solamente los principios de la INTERPRETACIÓN JURÍDICA, sino también cuatro criterios complementarios: (i) la integración política; (ii) la unidad de la Constitución; (iii) la concordancia práctica; y (iv) la corrección funcional.

Interpretación jurídica Según el art. 3.1 del CC, hay seis grandes criterios que se aplican a la interpretación de normas jurídicas: (i) el criterio gramatical/literal; (ii) el criterio sistemático (del contexto); (iii) los antecedentes históricos; (iv) los antecedentes legislativos; (v) la realidad social del tiempo; y (vi) la finalidad de la norma. *Compárese* INTERPRETACIÓN CONSTITUCIONAL.

Interpretación pautada de normas Una interpretación sometida a reglas, no a la pura voluntad o preferencia de quien interprete. En el orden español, está compuesta de seis criterios: el gramatical; el sistemático; los antecedentes históricos; los antecedentes legislativos; la realidad social del tiempo; y la finalidad de la norma.

Intervención adhesiva (*Derecho procesal*) La intervención voluntaria de sujetos originariamente no demandantes ni demandados. Implica la participación en un proceso de un colaborador de una parte. Hay dos tipos: la INTERVENCIÓN ADHESIVA SIMPLE e la INTERVENCIÓN ADHESIVA LITISCONSORCIAL. *Véase* INTERVENCIÓN PROCESAL PROVOCADA.

Intervención adhesiva litisconsorcial (*Derecho procesal*) La intervención adhesiva es litisconsorcial cuando el tercero intervenga afin de defender sus derechos propios. Se asimila a la posición de quien está ayudando. *Compárese* INTERVENCIÓN ADHESIVA SIMPLE.

Intervención adhesiva simple (*Derecho procesal*) La intervención adhesiva es simple cuando el tercero intervenga para evitar los perjuicios que se pueden producir por la cosa juzgada. *Compárese* INTERVENCIÓN ADHESIVA LITISCONSORCIAL.

Intervención cambiaria Aceptación o pago de la letra de cambio por parte de un tercero distinto del librado a quien correspondía normalmente aceptar o pagar la letra.

Intervención procesal Supuesto en que un tercero intervenga para realizar actuaciones en el proceso con la finalidad de co-actuar (ayudar o apoyar) una de las partes o defender su situación. Hay dos tipos: la INTERVENCIÓN PROCESAL PROVOCADA y la intervención procesal voluntaria (*véase* INTERVENCIÓN ADHESIVA). *Compárese LITISCONSORCIO.*

Intervención procesal provocada La intervención que se produce cuando una de las partes llame a un tercero quien no sea parte del proceso. *Véase* INTERVENCIÓN ADHESIVA.

Invalidez La determinación que una norma no es conforme a la Constitución por el TC. Si el TC concluye que una norma es inválida, su invalidez se aplica a todos los casos con efectos retroactivos. *Véase* VIGENCIA.

Invariabilidad de la sentencia definitiva Principio según el cual los tribunales no pueden variar o modificar las resoluciones que pronuncien después de firmarlas. *Compárese* ACLARACIÓN DE LA SENTENCIA.

Irretroactividad de las disposiciones sancionadoras no favorables o restrictivas de derechos individuales Las disposiciones sancionadoras dentro del ámbito del derecho penal y del derecho administrativa sancionadora no se pueden aplicar retroactivamente cuando restringen derechos individuales. *Véase* PRINCIPIOS DEL ESTADO DEL DERECHO.

Ius (*Lat.*) Derecho. También se refiere a la ley aplicable.

Ius variandi ordinario Un tipo de movilidad funcional que supone un cambio dentro del mismo grupo profesional (ej.: del grupo administrativo 1 al grupo administrativo 2). Siempre está permitido cuando se respecte el título académico del trabajador. *Compárese IUS VARIANDI EXCEPCIONAL.*

Ius variandi excepcional Un tipo de movilidad fuera del grupo profesional. Tiene dos requisitos: (i) que se den razones técnicos o administrativas para el cambio; y (ii) que haya una duración definida. *Compárese IUS VARIANDI ORDINARIO.*

J

Jefe del Estado En el sistema parlamentario, es equivalente al Presidente del Estado. *Véase* JEFE DEL GOBIERNO.

Jefe del Gobierno En el sistema parlamentario, es equivalente al Primer Ministro. *Véase* JEFE DEL ESTADO.

Jerarquía normativa Principio del Estado de Derecho en que las normas se encuentran ordenadas jerárquicamente en que cualquiera norma tiene como condición de validez la conformidad con las normas de rango superior.

Jornada de trabajo El tiempo que dedica el empleado a la realización de su trabajo. Puede ser computada diariamente (ej.: una jornada de seis horas) o semanalmente (ej.: una jornada semanal de triente horas). *Compárese* HORARIO DE TRABAJO.

Juicio Conocimiento de una causa en que el juez decidirá las cuestiones llevadas por las partes mediante sentencia. *Véase* ACCIÓN y PROCESO.

Juicio oral La fase del proceso en que las partes practican antes el juez sentenciador la prueba admitida en el juzgado.

Juicio ordinario El juicio «tipo» por lo cual se resuelven litigios cuya cuantía supere los tres mil euros o es indeterminada, y las demandas que se implican ciertas materias señaladas por la ley (art. 249.1). Tiene tres pasos: (i) las alegaciones; (ii) la prueba; y (iii) la sentencia.

Juicio verbal El juicio por el cual se resuelven las demandas que requieren una rápida respuesta y cuya cuantía no exceda de quinientas mil pesetas (aproximadamente 3.000 €) o cuyo asunto está expresamente señalado en la LEC art. 250. Hay dos tipos: el JUICIO VERBAL PLENARIO y el JUICIO VERBAL SUMARIO.

Juicio verbal plenario Juicio verbal que trata varias cuestiones. Despliega efectos de la cosa juzgada. Por tanto, se puede reconvenir. *Compárese* JUICIO VERBAL SUMARIO.

Juicio verbal sumario Juicio verbal que solo trata una cuestión. No despliega efectos de la cosa juzgada. Por tanto, no se puede reconvenir. *Compárese* JUICIO VERBAL PLENARIO.

Junta de accionistas *Véase* JUNTA DE SOCIOS.

Junta de socios La reunión de socios para deliberar y tomar acuerdos sobre asuntos de relevancia social. Tiene dos modalidades: la JUNTA GENERAL DE SOCIOS y la JUNTA ESPECIAL DE SOCIOS. *También denominada* JUNTA DE ACCIONISTAS.

Junta especial de socios Una modalidad de la JUNTA DE SOCIOS que se integra por y se convoca para tratar los asuntos de solo algunos de los socios de una SA o SRL.

Junta general de socios Una modalidad de la JUNTA DE SOCIOS que se integra por todos los socios de una SA o SRL y que manifiesta la voluntad social de la sociedad (arts. 93 y ss. LSA, 43 y ss. LSRL). La Junta general de socios de la SA tiene tres modalidades: la JUNTA GENERAL EXTRAORDINARIA, la JUNTA GENERAL ORDINARIA y la JUNTA GENERAL UNIVERSAL (art. 94 LSA). *Compárese* ASAMBLEA GENERAL DE OBLIGACIONISTAS.

Junta general extraordinaria Cualquier JUNTA GENERAL DE SOCIOS que no sea JUNTA GENERAL ORDINARIA (art. 96 LSA).

Junta general ordinaria La JUNTA GENERAL DE SOCIOS de una SA que se reunirá necesariamente dentro de los seis primeros meses de cada ejercicio económico, para: (i) censurar la gestión social; (ii) aprobar las cuentas del ejercicio anterior; y (iii) resolver sobre la aplicación del resultado (art. 95.1 LSA). *Compárese* JUNTA GENERAL EXTRAORDINARIA.

Junta universal de socios Una JUNTA GENERAL DE SOCIOS en la que se hallan presentes o representados todos los socios, quienes acuerden por unanimidad la celebración de la junta y el orden del día de la misma (art. 99 LSA). No exige convocatoria previa en la que se menciona el orden del día.

Jurídicamente desaprobado *Véase* COMPORTAMIENTO JURÍDICAMENTE DESAPROBADO.

Jurisdicción voluntaria Regulada por la LEC de 1881, es para casos que no tienen porque ser contencioso (ej.: la aceptación de carga de ser tutor de un incapaz).

Justificación (*Derecho penal*) Algunos casos no reciben una desaprobación del ordenamiento jurídico, aunque caben dentro de la tipicidad delictiva, por la justificación. Hay tres categorías principales: la legítima defensa (art. 20.4 CP); el estado de necesidad (20.5 CP); y el cumplimiento de un deber (20.7 CP). Compare RESPONSABILIDAD POR EL HECHO.

K

«Know-how» (contrato de) Una modalidad del contrato de engineering. En virtud del contrato de «know-how», se transfieren conocimientos técnicos o experiencias profesionales con el fin de posibilitar la mejora de un proceso empresarial.

L

Laudemio En los censos enfitéuticos, es la cantidad dineraria que un censualista tiene derecho a percibir en cada transmisión de la finca a título oneroso, si se ha pactado (art. 565-15.1 CCC).

Leasing Contrato en virtud del cual una parte, la sociedad financiera, se compromete a adquirir un bien y a ceder su uso a la otra parte, el usuario, a cambio de una contraprestación que consiste en una serie de cuotas.

Legado Una disposición testamentaria por la cual un testador causa la distribución de una o varias cosas concretas de su patrimonio a determinadas personas, independientemente de sus deudas y otras obligaciones.

Legatario Una persona física o jurídica favorecida en el testamento del CAUSANTE determinado a título particular. Recibe por lo menos un LEGADO a su nombre.

Legatario alícuota Aunque no sea heredero, recibe un porcentaje o porción de bienes si hay algo para distribuir después de liquidar el patrimonio del causante.

Legatario de parte alícuota *Véase* LEGATARIO ALÍCUOTA.

Legitimación El reconocimiento jurídico del derecho que faculta a una persona comparecer en juicios en general (LEGITIMACIÓN *AD PROCESO*) y litigar una causa en particular (LEGITIMACIÓN *AD CAUSAM*).

Legitimación *ad proceso* La legitimación para comparecer en procesos en general. Coincide con la CAPACIDAD PROCESAL (CAPACIDAD PARA COMPARECER EN JUICIO). *Compárese* LEGITIMACIÓN *AD CAUSAM.*

Legitimación ad causam Se refiere a la legitimación para litigar la causa del proceso en particular y supone que la parte actúe como titular de la relación jurídica u objeto litigioso. *Compárese* LEGITIMACIÓN *AD PROCESO.*

Letra de cambio Un título valor formal, literal y abstracto en que el acreedor (librador) ordena al deudor (librado) de pagar a la fecha del vencimiento de ésta una suma determinada de dinero a favor del poseedor legítimo de la letra. Se regula en la Ley Cambiaria y del Cheque de 1985.

Letrado Sinónimo de «abogado». *Compárese* PROCURADOR.

Letrado del Estado Representante del Estado en casos civiles. *Compárese* MINISTERIO FISCAL.

Levantamiento del velo Una figura jurídica que permite desatender la persona jurídica para alcanzar el patrimonio personal de las personas que se amparan bajo la personalidad jurídica cuando constituyan una sociedad en fraude de ley o abuso de derecho para defraudar a acreedores o evitar obligaciones.

Lex causa (*Lat.*) La ley que se aplica al fondo (contenido) del asunto. Puede ser la LEX FORI (ej.: en cuestiones procesales), pero no siempre lo es (ej.: en cuestiones relativas a la capacidad, es la ley personal, o ley nacional, que rige)..

Lex fori (*Lat.*) La ley del Estado cuyos tribunales conocen del asunto. En el contexto español, la lex fori es la ley española. *Véase* LEX CAUSA.

Lex fori regit procesum (*Lat.*) «La ley del foro rige el proceso». Regla del DIPr según la cual en un proceso con elementos extranjeros, la LEX FORI es la ley que rige el proceso. Es una regla admitida por todos los ordenamientos. En España, se la codifica en la LEC art. 3.

Lex mercatoria (*Lat.*) Una fuente del derecho de obligaciones que se refiere al cuerpo de normas, modelos y usos del comercio contractual creados no por los Estados, sino por los agentes comerciales mismos. Está fundado en el principio de la autonomía de la voluntad.

Lex rei site (*Lat.*) La ley del lugar donde se halla un bien.

Ley ordinaria Toda ley que no sea una LEY ORGÁNICA.

Ley orgánica Se trata del desarrollo de los derechos fundamentales y de las libertades públicas y puede aprobar los Estatutos de Autonomía, el régimen electoral general y las demás previstas en la Constitución (art. 81.1 CE). Las demás leyes son LEYES ORDINARIAS.

Ley personal En España, las cuestiones a que se refiere el ESTATUTO PERSONAL (todo lo que es inherente a la persona, como la intimidad, la familia, la capacidad, el estado civil, etc.) se regulan por la ley personal (que equivale a la ley nacional) (art. 9.1 CC).

Librado Deudor.

Librador Acreedor.

Límites intrínsecos a la reforma constitucional Límites a la reforma basados no en cláusulas de intangibilidad o la imposición de procedimientos extraordinarios de reforma, sino en la naturaleza propia de la Constitución como norma que limita el poder político y protege derechos fundamentales.

Liquidación (*Derecho tributario*) Es un término objeto de mucha confusión, debido a sus múltiples sentidos en el derecho tributario. *Véase* AUTOLIQUIDACIÓN *y* LIQUIDACIÓN TRIBUTARIA.

Liquidación de condena La diligencia judicial que determina la fecha de comienzo y plazo para el cumplimiento de una condena.

Liquidación de las prestaciones (*Derecho tributario*) Una operación matemática que consiste, en el ejemplo del IRPF, en valorar la base imponible, practicar las reducciones para determinar la base liquidable, aplicar los tipos para obtener la cuota íntegra, aplicar las deducciones para fijar la cuota líquida y restar de la cuota líquida las prestaciones a cuenta para obtener la cuota diferencial.

Liquidación provisional (*Derecho tributario*) Especialmente ante supuestos de devolución en que la liquidación del ingreso resulta a favor del contribuyente, se practica por la administración, a fin de comprobar los datos declarados por el contribuyente (art. 103 LIRPF).

Liquidación tributaria (*Derecho tributario*) El acto mediante el cual el órgano competente de la AP realiza las operaciones de cuantificación necesarias y determina el importe de la deuda tributaria o de la cantidad que, en su caso, resulte a devolver o a compensar de acuerdo con la normativa tributaria (art. 101.1 LGT).

Litisconsorcio La presencia en el proceso de de una pluralidad de partes activas o pasivas para ejercitar o ser reclamadas en una única acción. Hay dos tipos: el *LITISCONSORCIO* NECESARIO y el *LITISCONSORCIO* VOLUNTARIO. *Compárese* INTERVENCIÓN PROCESAL.

Litisconsorcio **necesario** *LITISCONSORCIO* en que la pluralidad de partes se constituye conjuntamente por exigencia legal. En este supuesto, la presencia de todas las partes es un requisito para que el caso siga adelante. *Compárese* *LITISCONSORCIO* VOLUNTARIO.

Litisconsorcio **voluntario** *LITISCONSORCIO* en que una pluralidad de partes se constituye conjuntamente por su propia voluntad, no por una obligación establecida en la ley, en una acción que provenga de un mismo título o causa *petendi*. *Compárese* *LITISCONSORCIO* NECESARIO.

Litispendencia Causa o litigio que pende.

«Llave en mano», contrato de Es una modalidad del CONTRATO DE ENGINEERING en que una empresa de ingeniería, se compromete a instalar y supervisar la construcción, gestión y la puesta en funcionamiento una planta industrial.

M

Mala fe La falta por negligencia o por dolo de una creencia justificable de la titularidad limitada o ilimitada de un derecho sobre un bien. *Compárese* BUENA FE.

Mandante El representado. *Véase* MANDATARIO.

Mandatario El representante. *Véase* MANDANTE.

Mandato Contrato que obliga una persona, el mandatario, a prestar algún servicio o hacer alguna cosa, por cuenta o encargo de otra persona, el mandante (art. 1.711).

Mayor edad (*Derecho civil*) El estado civil y condición de la persona que ha cumplido los dieciocho años (art. 315 CC). Es una de las causas de la EMANCIPACIÓN.

Mayoría absoluta Una mayoría que consiste en la mitad de los votos correspondientes más uno o, dicho de otro modo, más de la mitad de los votos. *Compárese* MAYORÍA CALIFICADA y MAYORÍA SIMPLE.

Mayoría calificada Una mayoría que consiste en más votos o más requisitos que una mayoría ordinaria para aprobar una decisión. Puede exigir, por ejemplo, los votos de dos tercios partes de los votantes o un límte al número de abstenciones para que una decisión se adopte. También denominada MAYORÍA ESPECIAL o SUPERMAYORÍA. *Compárese* MAYORÍA ABSOLUTA y MAYORÍA SIMPLE.

Mayoría especial *Véase* MAYORÍA CALIFICADA.

Mayoría ordinaria *Véase* MAYORÍA SIMPLE.

Mayoría simple Una mayoría que consiste en *más votos a favor* que *votos en contra* o, dicho de otro modo, más «sí's» que «no's», no obstante el número de abstenciones o votantes ausentes. *También denominada* MAYORÍA ORDINARIA. *Compárese* MAYORÍA ABSOLUTA y MAYORÍA CALIFICADA.

Mediación (contrato de) Un contrato en que una parte, el «mediador», a cambio del pago de un precio, se obliga a facilitar la celebración de un contrato entre el principal y un tercero.

Mediador En el contrato de MEDIACIÓN, el mediador, o CORREDOR, sirve como intermedio entre el principal y un tercero en la conclusión de un negocio jurídico. *También denominado* CONTRATO DE CORRETAJE.

Mejora La porción de la legítima de *descendientes* de que puede disponer libremente el testador a favor de alguno o algunos de sus hijos o descendientes por naturaleza o descendientes por adopción. La mejora corresponde a una de las dos terceras partes destinadas a la legítima (art. 823 CC).

Ministerio de Hacienda El ministerio que se ocupa de cuestiones financieras relacionadas con la tesorería pública.

Ministerio fiscal Representante del Estado en casos penales. *Compárese* LETRADO DEL ESTADO.

Modalidad deóntica *Véase* proposición deóntica.

Modelo de poder concentrado En este modelo, el control constitucional está concentrado en un órgano cuyo misión es expresamente el control de la constitucionalidad de las leyes. *Compárese* MODELO DE PODER DIFUSO.

Modelo de poder difuso En este modelo, cualquier tribunal con poder jurisdiccional puede declarar la inconstitucionalidad de un acto jurídico (una ley, reglamento, etc.). *Compárese* MODELO DE PODER CONCENTRADO.

Modelo de utilidad Invención que consiste en dar una *configuración, estructura o constitución* a un objeto ya inventado, de tal manera que resulte alguna *ventaja apreciable* para el uso o fabricación del objeto.

Modificación sustancial de las condiciones laborales La variación por decisión unilateral del empresario en elementos fundamentales de la prestación laboral del trabajador. Puede ser individual o colectiva. *Compárese* MOVILIDAD FUNCIONAL y MOVILIDAD GEOGRÁFICA.

Modo (*Derecho civil en materia de contratos*) *Véase* DISPOSICIÓN MODAL. (*Derecho civil en materia de adquisición de derechos reales*) *Véase* TRADICIÓN.

Movilidad funcional La variación por un empresario de las funciones o tareas contratadas o habitualmente realizadas por el trabajador en la empresa. Tiene tres modalidades: *ius variandi* ordinario, *ius variandi* excepcional y la movilidad más allá del *ius variandi*. *Compárese* MOVILIDAD GEOGRÁFICA y MODIFICACIÓN SUSTANCIAL DE LAS CONDICIONES LABORALES.

Movilidad geográfica Una modificación de las condiciones laborales que consiste en el cambio del lugar de trabajo, siempre que haya *cambio de residencia*. Hay dos tipos de movilidad geográfica: el DESPLAZAMIENTO y el TRASLADO. *Compárese* MOVILIDAD FUNCIONAL y MODIFICACIÓN SUSTANCIAL DE LAS CONDICIONES LABORALES.

Multa (*Derecho penal*) La imposición al reo de un delito de una sanción pecuniaria. En el sistema días-multa, el condenado está obligado a pagar una cantidad fijada cada día durante un periodo fijado por el tribunal según la ley. La cantidad se determina según varios factores, como los medios económicos del actor.

Multa coercitiva Una forma de EJECUCIÓN FORZOSA que permite a la AP, cuando así lo prevean las leyes, imponer multas reiteradas en la forma y cuantía legalmente determinada por lapsos de tiempo que sean suficientes para cumplir lo ordenado.

Mutualidad de previsión social Una entidad privada sin ánimo de lucro de protección social. Su actuación es complementaria a y no substituye el sistema público de la

Seguridad Social por las personas que incorporen al sistema de mutualidades de previsión social.

Mutuo Un tipo de préstamo en que una parte entrega a la otra dinero u otra cosa fungible, con condición de devolver otro de la misma *especie* y *calidad*. Puede celebrarse gratuitamente o con pacto de pagar interés (art. 1.740 CC). *Compárese* COMODATO. *También denominado* SIMPLE PRÉSTAMO.

Naviero El empresario mercantil dedicado al tráfico marítimo que asume en su nombre la gestión comercial del buque.

Negligencia Descuido; falta de debida atención o cuidado. Es más extrema que la CULPA.

Negocio jurídico Acto de voluntad en que una persona regula sus derechos con otras personas dentro de una institución (arrendamiento, compraventa, etc.). Supone crear la adquisición, modificación, o extinción de derechos subjetivos.

Negocio jurídico de apoderamiento *Véase* APODERAMIENTO.

No sujeción (*Derecho tributario*) Supuesto en el que la ley completa la delimitación del hecho imponible mediante la mención de supuestos que no son sujetos a un tributo (art. 20.2 LGT). Es un complemento negativo que se agrega a la definición del hecho imponible a fin de *aclarar* o mejor *definirlo*. *Compárese* EXENCIÓN.

Nombre comercial Cualquier signo susceptible de representación gráfica que sirve para distinguir una empresa en el tráfico mercantil de las demás empresas que desarrollan actividades idénticas o similares.

Norma auto-limitada Una norma reguladora de la técnica directa que tiene como función exceptuar, en determinados supuestos, las soluciones generales que están contenidas en una norma de conflicto. La norma extiende la ley española a supuestos de hecho que normalmente serán gobernados por una norma de conflicto. También denominada NORMA DE EXTENSIÓN.

Norma de aplicación Un tipo de norma que indica al juez cuales son las normas que invocará para el proceso con elementos extranjeros (el otro es la NORMA REGULADORA). Sirve para resolver los problemas que surgen por la aplicación de las normas reguladoras. Las normas de aplicación son: la CALIFICACIÓN, el REENVÍO, la REMISIÓN A UN SISTEMA PLURILEGISLATIVO, el FRAUDE DE LEY, el ORDEN PÚBLICO, la ADAPTACIÓN, y la PRUEBA.

Norma de conflicto Una norma que sirve para localizar el ordenamiento más cercano del supuesto de hecho para la resolución de un caso. Cada país tiene sus propias normas de conflicto.

Norma de derecho internacional privado material *Véase* NORMA ESPECIAL MATERIAL.

Norma de extensión *Véase* NORMA AUTO-LIMITADA.

Norma especial material Una norma reguladora de la técnica directa que da una solución directa y material (sustantiva) distinta de la solución prevista en el ordenamiento jurídico para supuestos de tráfico interno. *También denominada* NORMA DE DERECHO INTERNACIONAL PRIVADO MATERIAL.

Norma imperativa Cuando se trata de valores fundamentales, como derechos de la niñez o el derecho a la vida, España no está obligada a reconocer las leyes de países extranjeros cuando éstas sean contrarias a los valores fundamentales de España. En cambio, la España puede hacer respectar las normas imperativas suyas. Puede desplazar las normas extranjeras para defender los valores fundamentales mencionados.

Norma jurídica con destinatario determinado Se refiere a la norma individual, como la sentencia (cuando el autor no coincide con el destinatario) o el negocio jurídico (cuando el autor coincide con el destinatario). *Compárese* NORMA JURÍDICA CON DESTINATARIO INDETERMINADO.

Norma jurídica con destinatario indeterminado Norma general y abstracta que puede ser una ley, un reglamento de los colegios profesionales, etc. *Compárese* NORMA JURÍDICA CON DESTINATARIO DETERMINADO.

Norma reguladora También denominada TÉCNICA DE REGULACIÓN, es un tipo de norma que indica al juez cuales son las normas que invocará para el proceso con elementos extranjeros (el otro es la NORMA DE APLICACIÓN). Puede emplear la TÉCNICA DIRECTA o la TÉCNICA INDIRECTA DE NORMAS REGULADORAS.

Notificación del acto administrativo La LAP exige que se notifique a los interesados las resoluciones y actos administrativos que afecten a sus derechos e intereses dentro de *diez días* a partir de la fecha en que el acto haya sido dictado (art. 58.1-.2 LAP).

Novación La modificación de una obligación o contrato que cambia su acreedor, deudor u objeto (art. 1.203 CC). Puede ser modificativa (art. 1.203 a 1.213 CC) o extintiva (art. 1.156 CC). Se puede cambiar el deudor sin su conocimiento, pero no sin el consentimiento del acreedor (art. 1.205 CC).

Númerus apertus (*Lat.*) Sistema de lista abierta que sólo enumera algunos elementos ejemplificantes. *Compárese NÚMERUS CLAUSUS.*

Númerus clausus (*Lat.*) Sistema de lista cerrada o fijación de un máximo de plazas aceptadas por una organización o institución. *Compárese NÚMERUS APURTUS.*

O

Objeto del negocio jurídico El derecho u obligación que se constituye por el contrato. Es uno de los elementos esenciales del contrato. Ha de ser lícito (arts. 1.271 y 1.255 CC) y posible (art. 1.272 CC).

Objeto del proceso Se delimita por el SUJETO, el *PETITUM*, y la *CAUSA PETENDI* del proceso y así constituye el parámetro de referencia para determinar las excepciones de cosa juzgada o *litispendencia*.

Obligación convertible en acciones Aquella que emite la SA cuando la restitución de la suma prestada no se realiza en metálico, sino por el intercambio de las obligaciones por acciones de la sociedad emisora.

Obligación de custodia *Véase* CUSTODIA, OBLIGACIÓN DE.

Obligación extracontractual Una obligación que no viene precedida de un contrato o de una obligación legal. Surge como consecuencia de un hecho que causa daño a un tercero. *También denominada* ESTATUTO DELICTUAL. *Véase* CUASICONTRATO.

Obligación mancomunada Una OBLIGACIÓN PLURIPERSONAL cuya división entre las partes es imposible y que por tanto sólo podrá hacerse efectiva procediendo *contra todos los deudores* en su conjunto.

Obligación parciaria La OBLIGACIÓN PLURIPERSONAL que se divide igualmente en tantas partes como acreedores o deudores haya.

Como la modalidad por defecto, si del texto de las obligaciones no resulta otra cosa, la deuda se presumirá parciaria.

Obligación pluripersonal Una obligación con una pluralidad colectiva de sujetos activos, pasivos o activos y pasivos a la vez. Hay tres modalidades: la OBLIGACIÓN SOLIDARIA, la OBLIGACIÓN PARCIARIA y la OBLIGACIÓN MANCOMUNADA.

Obligación solidaria Una OBLIGACIÓN PLURIPERSONAL en que las partes contratan las obligaciones en común. La obligación solidaria es entonces aquella obligación que puede quedarse integral a cualquier deudor o acreedor. Puede ser activa, pasiva o mixta.

Obligaciones tributarias formales Las obligaciones que, sin tener carácter pecuniario, son impuestas por las normas a los obligados tributarios, deudores o no del tributo, y cuyo cumplimiento está relacionado con el desarrollo de actuaciones o procedimientos tributarios o aduaneros (art. 29.1 LGT).

Obra colectiva Una modalidad de la obra de autoría plural que reúne varias aportaciones autónomas de diferentes autores, bajo la iniciativa y coordinación de una persona, *el editor*, que edita y divulga la obra bajo su nombre (art. 8 TRLPI). *Compárese* OBRA EN COLABORACIÓN y OBRA COMPUESTA.

Obra en colaboración Una modalidad de la obra de autoría plural en la que hay una aportación creativa de dos o más personas con un propósito común (ej.: la *co-autoría* de un manual por varios profesores) (art. 7 TRLPI). *Compárese* OBRA COLECTIVA y OBRA COMPUESTA.

Obra compuesta Una modalidad de la obra de autoría plural que incorpora una obra preexistente sin la colaboración de su autor (ej.: un libro de *un director* que reúne textos; una traducción de otra obra original) (art. 9 TRLPI). *Compárese* OBRA COLECTIVA y OBRA EN COLABORACIÓN.

Ocultación A efectos de la LGT, se entiende que existe ocultación de datos a la AT cuando no se presenten declaraciones o se presenten declaraciones en las que se incluyan hechos u operaciones inexistentes o con importes falsos, o en las que se omitan operaciones, ingresos, rentas, productos, bienes o cualquier otro dato que incida en la determinación de la deuda tributaria, siempre que la incidencia de la deuda derivada de la ocultación en relación con la base de la sanción sea superior al 10 % (art. 184.2 LGT).

Oferente La parte que propone alguna oferta, cuya aceptación la perfección de un contrato.

Ontológico Que toma en cuenta la naturaleza de una cosa tal como es, sin considerar sus fines. *Véase* TELEOLÓGICO.

Opción El derecho de adquisición preferente voluntario que permite a una parte, el optante, la facultad de adquirir un bien en las condiciones establecidas en el título de constitución durante un período determinado.

Organismo autónomo Un tipo de sector público empresarial que se rigen por el derecho administrativo en general y, en cuanto a su gestión económica, por las normas en la ley presupuestaria. Se les encomienda, en régimen de descentralización funcional y en ejecución de programas específicos de la actividad de un Ministerio, la realización de actividades de *fomento, prestacionales* o de *gestión de servicios públicos* (art. 45.1 LOFAGE).

Organismo público Un organismo con personalidad jurídica sometido al derecho público creado bajo la dependencia o vinculación de la Administración General del Estado para la realización de actividades de ejecución o gestión administrativas o de contenido económico reservadas a la administración territorial, cuyas características justifiquen su organización y desarrollo en régimen de descentralización funcional (art. 41 LOFAGE). *También denominado* ENTE PÚBLICO.

Organismo público corporativo Un ORGANISMO PÚBLICO con personalidad jurídica al que se encomienda la realización de actividades prestacionales, la gestión de servicios o la producción de bienes de interés público susceptible de contraprestación (art. 53.1 LOFAGE). *También denominado* CORPORACIÓN DE

DERECHO PÚBLICO y ENTE PÚBLICO CORPORATIVO.

Organismo público institucional Un ORGANISMO PÚBLICO que sujetará su actividad a la LAP cuando ejerza potestades administrativas, sometiéndose en el resto de su actividad a lo que dispongan sus normas de creación (art. 2.2 LAP). *También denominado* ENTE INSTITUCIONAL.

Organismo público territorial Un ORGANISMO PÚBLICO sometido al derecho público que depende de algún territorio (estatal, autónomo, etc.). *También denominado* ADMINISTRACIÓN PÚBLICA TERRITORIAL o ENTE PÚBLICO TERRITORIAL.

Órgano de administración El órgano de la sociedad que dirige su funcionamiento interno, gestiona sus asuntos del día a día y la representa en sus relaciones con terceros. Cuando la administración se confíe conjuntamente a más de dos ADMINISTRADORES, éstas constituirán el CONSEJO DE ADMINISTRACIÓN.

Pagaré Un título valor por el que la persona que lo emite se compromete a pagar a su legítimo tenedor. Es una orden incondicionada. Si él que emite el cheque escribe en ello que vence en alguna fecha determinada, el cheque se convertirá en pagaré. Puede ser nominativa o a la orden.

Pago En el derecho cambiario, es el cumplimiento o satisfacción del crédito por su pago al día o antes del día de su vencimiento.

Pagos a cuenta *Véase* PRESTACIONES A CUENTA.

Pagos fraccionados Una modalidad de PRESTACIONES A CUENTA que determinados contribuyentes han de realizar. Es la modalidad para sociedades, que normalmente deduce el gravamen del cheque de cada uno de sus empleadores. N.B.: el IS emplea el término «pagos a cuenta» para referirse a pagos fraccionados. A no confundir con el FRACCIONAMIENTO DEL PAGO. *Compárese* INGRESOS A CUENTA y RETENCIONES A CUENTA.

Patria potestad Los derechos y deberes que tienen los padres con respecto a sus hijos menores de edad no emancipados. El derecho es de ser respetado por los hijos, y las obligaciones, entre otras, son de cuidar, alimentar, amar, educar, y vestir a los hijos. Es un tipo de protección al menor de edad dentro del círculo familiar. También denominada RELACIONES PATERNO-FILIALES.

Patrimonio El conjunto de relaciones jurídicas que son valiosas económicamente, con un elemento activo (bienes y derechos) y otro pasivo (obligaciones y deudas) que dispone una persona física o jurídica.

Peligro Permitido (*Derecho penal*) En sentido general, se refiere a comportamientos que, aún siendo causas según la teoría de la conditio sine qua non, que no son jurídicamente desaprobados. En sentido más específico, se refiere a aquellos peligros permitidos que no caben dentro del PRINCIPIO DE LA CONFIANZA ni dentro de la POSICIÓN DE GARANTE. Incluye la adecuación social del comportamiento, el saldo positivo beneficio/perjuicio, la legitimación histórica y los contactos sociales mínimos.

Perfección del contrato Según el CC, el contrato se perfecciona al mero CONSENTIMIENTO al mismo. Desde ese momento, el contrato obliga al cumplimiento de lo expresamente pactado y a todas las consecuencias que sean conformes a la buena fe, al uso y a la ley (art. 1.258 CC).

Periodo ejecutivo Un periodo para la recaudación de impuestos cuyo inicio varía según sea una deuda liquidada por la AT o mediante autoliquidación. En el caso de deudas liquidadas por la AT, se inicia el día siguiente al del vencimiento del plazo establecido para su ingreso en el art. 62.2 LGT (que varía según el día en que se realiza la notificación de la liquidación). En el caso de deudas a ingresar mediante autoliquidación presentada sin realizar el ingreso, al día siguiente de la finalización del plazo que establezca la normativa de cada tributo para dicho ingreso o, si éste ya hubiere concluido, el día siguiente a la presentación de la autoliquidación (art. 161.1 LGT).

Permuta Contrato por el cual cada uno de los contratantes se obliga a dar una cosa o derecho para recibir otra cosa o derecho. Se puede complementar la cosa o derecho con dinero (arts. 1.538 y ss. CC). *Compárese* SUBROGACIÓN REAL.

Petitum Lo que las partes piden; las pretensiones o suplicación. La fórmula típica del *petitum* es «al juzgado suplico…». Se puede pedir costas y *otrosi digo* (otras cosas, como algunos días más para preparar un expediente).

Plan de pensión Son planes generalmente privados que definen el derecho de determinadas personas a percibir rentas o capitales por jubilación, viudedad, orfandad, invalidez, etc., y que determinan las obligaciones de contribución. No sustituyen la Seguridad Social.

Pleno municipal Un órgano del Ayuntamiento integrado por todos los Concejales y presidido por el Alcalde. Corresponden al Pleno municipal el control y la fiscalización de los órganos de gobierno, entre otras atribuciones (art. 22.1-.2 LBRL).

Pluriverso político La multitud de Estados jurídicamente iguales cuyo soberano decide en último instancia. Cada Rey es emperador de su reino.

Poder *Véase* PODER DE REPRESENTACIÓN.

Poder concentrado *Véase* MODELO DE PODER CONCENTRADO.

Poder de representación Situación jurídica en que un poderdante otorga tácitamente o expresamente a otra persona la autorización de actuar en su nombre frente a terceros. *También denominada* PODER.

Poder difuso *Véase* MODELO DE PODER DIFUSO.

Poder para pleitos Acto jurídico general o especial que apodera a un representante actuar en nombre del representado.

Poderdante El representado o *dominus negotii*. *Véase* REPRESENTADO.

Póliza Un documento en que se formaliza el contrato de seguros.

Porteador El transportador que, a cambio del pago de un precio, se obliga a transportar las mercancías o personas en la forma prevista en el contrato marítimo.

Posición de garante (*Derecho penal*) Principio de la desaprobación jurídica dentro de la causación (tipicidad objetiva) según el cual el actor no es responsable penalmente por una acción u omisión cuando no es competencia del sujeto la evitación del resultado.

Potestad administrativa reglada La potestad es reglada cuando existen zonas de certeza que exigen una mera ejecución de lo previsto legalmente, reduciendo la intervención de la AP en una función automática sin margen de decisión o de apreciación subjetiva. *Compárese* POTESTAD ADMINISTRATIVA DISCRECIONAL.

Potestad administrativa discrecional Permite a la AP actuar según un juicio subjetivo fuera de las zonas de certeza que marcan la potestad reglada, dando a la AP un margen de decisión o de apreciación subjetiva superior al de aquella. *Compárese* POTESTAD ADMINISTRATIVA REGLADA.

Potestad pública La potestad de las autoridades públicas, como la potestad para crear normas (potestad normativa) y la potestad para imponer penas en el orden penal (potestad sancionadora). Las potestades públicas del Estado son más amplias que las de las CCAA.

Potestad reglamentaria Potestad de las AAPP para elaborar disposiciones generales subordinadas a la ley.

Precepto penal más amplio *Véase* REGLA DE CONSUNCIÓN.

Prejudicialidad penal en el proceso civil Un supuestos de la CRISIS PROCESAL en que la existencia de una cuestión prejudicial penal determina la suspensión del procedimiento civil, hasta que se resuelva la cuestión prejudicial penal (art. 10.2 LOPJ).

Prelegado Se refiere a los supuestos en que el legatario es el mismo heredero. El prelegado es entonces un legado a favor del heredero. Aparece el tema en el art. 890.II CC, que afirma: «El heredero, que sea al mismo tiempo legatario, podrá renunciar la herencia y aceptar el legado, o renunciar éste y aceptar aquélla».

Prenda Derecho real de garantía que se aplica a sobre bienes muebles que están en el comercio (art. 1.864 CC). Normalmente, implica el traslado o desplazamiento de la posesión de su objeto al acreedor, pero la Ley de Hipoteca Mobiliaria y Prenda sin Desplazamiento permite la prenda sin desplazamiento (el dueño que pignora el bien se convierte en su depositario).

Prescripción extintiva La extinción de un derecho por el transcurso no interrumpido de un plazo de tiempo definido por la ley, el cual podrá interrumpirse. La prescripción es la consecuencia del no-ejercicio de un derecho que protege un interés particular y, en contraste con la CADUCIDAD, *no es apreciable de oficio.*

Prestación característica (*DIPr*) Figura empleada por el CRom que equivale a la prestación más específica o distinguible en una relación bilateral contractual.

Prestaciones a cuenta (*Derecho tributario*) Obligaciones tributarias que consisten en la anticipación del ingreso del impuesto. Es por tanto el impuesto ya pagado, que tiene, por lo general, tres modalidades: INGRESOS A CUENTA; PAGOS FRACCIONADOS; y RETENCIONES A CUENTA. También denominado PAGOS A CUENTA.

Préstamo Un contrato en que una parte entrega a otra parte o alguna cosa no fungible para que use de ella y se la devuelva (COMODATO) o alguna cosa fungible, con condición de devolver otro tanto de la misma especie y calidad (MUTUO o simple préstamo) (art. 1.740 CC). *Compárese* PRÉSTAMO MERCANTIL.

Préstamo mercantil Un préstamo en el que (i) alguno de los contratantes es comerciante; o (ii) las cosas prestadas se destinan a actos de comercio (art. 311 CCo). Este segundo requisito depende de la declaración de la voluntad de las partes.

Presunción *iuris et de iure* Una presunción legalmente establecida de pleno y absoluto derecho que no admite prueba en contrario.

Presunción *iuris tantum* Una presunción legalmente establecida que puede destruirse mediante prueba en contrario. Pues, es un hecho o derecho «hipotético» cuya inexistencia puede ser probada.

Presunción judicial Una presunción en que el nexo entre la presunción y el hecho acreditado se establece según el razonamiento del juzgado. La presunción judicial no es legalmente prescrita. *Compárese* PRESUNCIÓN LEGAL.

Presunción legal Una presunción por la cual el juzgado presume un hecho no-conocido (la presunción) basado en un otro acreditado según lo que es legalmente prescrito. Por ejemplo, se presume la paternidad del marido cuando el hijo de su mujer nazca después de la celebración del matrimonio y antes de los trescientos días siguientes a su disolución o a la separación de los cónyuges (art. 116 CC). *Compárese* PRESUNCIÓN JUDICIAL.

Pretensión de retener Una pretensión de protección posesoria, o INTERDICTO, que se practica a fin de evitar la pérdida de la posesión cuando surgen indicios de perturbación.

Pretensión para recuperar Una pretensión de protección posesoria, o INTERDICTO, que permite al poseedor recuperar un objeto cuya posesión ha perdido. Se puede practicar por un plazo de hasta un año después de haber perdido la posesión. *Compárese* ACCIÓN PUBLICIANA.

Prima Una cantidad que el cesionario de un derecho o cosa da al cedente en cambio del derecho que recibe por añadido del coste originario.

Principio de adquisición procesal Según este principio, lo que importa en un juicio no es quien prueba un hecho, sino que se lo prueba. Por ejemplo, si A trae a B para testificar a su favor, el juicio adquiere el testimonio incluso si es perjudicial.

Principio de disponibilidad y facilidad probatorio Principio según el cual se puede invertir la carga de la prueba cuando la parte que normalmente no tiene la carga de probarla esté más próxima a la fuente de la prueba.

Principio de fe pública registral Principio registral público según el cual la inexactitud de lo inscrito en un registro no perjudicará los derechos de terceros de buena fe, adquiridos conforme a derecho. Se manifiesta, por ejemplo, en los arts. 20.2 CCo, 8 RRM y 32 y 34 LH.

Principio de la confianza (*Derecho penal*) Principio de la desaprobación jurídica dentro de la causación (tipicidad objetiva) según el cual quien actúa conforme a derecho no está obligado a comprobar si un tercero comete una infracción.

Principio de la culpabilidad (*Derecho penal*) Supone que no se puede castigar a alguien que (i) no haya podido comprender lo que hacía; (ii) no haya podido saber que lo que hacía era prohibido; o (iii) puede comprender lo que hacía, pero que no podía actuar conforme a esta comprensión.

Principio de la efectividad (*Derecho penal*) Principio limitadora de competencia judicial internacional de España según el cual los tribunales españoles no tienen competencia en casos cuando no sea realista la ejecución de la sentencia en el único país donde se la puede ejecutar.

Principio de legalidad Principio registral público que exige que solo los actos legales se inscriban. Se manifiesta, por ejemplo, en el art. 33 LH y 6 RRM, que exige que los Registradores califiquen la legalidad de los documentos en cuya virtud se solicita la inscripción. (*Derecho constitucional*) Principio constitucional del derecho español compuesto de tres sub-principios: la SUPREMACÍA DE LA LEY; la RESERVA DE LEY; y la VINCULACIÓN POSITIVA DE LA ADMINISTRACIÓN A LA LEY Y AL DERECHO.

Principio de legitimación registral Principio registral público según el cual se presume a todos los efectos legales que el contenido de un registro público es exacto y válido. Se manifiesta, por ejemplo, en la LH, que establece la presunción que los derechos reales inscritos en el Registro de la Propiedad *existen y pertenecen a su titular en la forma determinada por el asiento respectivo* (art. 38.I LH), y en el CCo con respecto al Registro Mercantil (art. 20 CCo).

Principio de presunción posesoria Principio de la LH según el cual se presume que «quien tenga inscrito el dominio de los inmuebles o derechos reales *tiene la posesión* de los mismos» (art. 38.I LH).

Principio de prioridad Principio registral público según el cual, una vez inscrito o anotado preventivamente en un registro cualquier título, no podrá inscribirse o anotarse ningún otro de igual o anterior fecha que resulte opuesto o incompatible con él. Se manifieste, por ejemplo, en el art. 17 LH y 10.1 RRM.

Principio de tracto sucesivo Principio registral público que exige para la inscripción de un título que conste previamente inscrito el título de la persona que otorgue o en cuyo nombre sea otorgado el título. Se manifiesta, por ejemplo, en el art. 20 LH y 11 RRM.

Principio de vinculación suficiente Principio limitadora de competencia judicial internacional de España según el cual los tribunales españoles no tienen competencia en casos que carezcan de vínculos suficientes con la España.

Principio del *actio libera in causa* (*Derecho penal*) Por regla general, se analiza si la acción u omisión fue individualmente evitable en el momento en que surgió el resultado. Sin embargo, según el principio del *actio libera in causa*, se lo analiza no en ese momento decisivo de la lesión, sino en el momento de un comportamiento anterior que causó el peligro posterior.

Principios del Estado del Derecho Son siete: el PRINCIPIO DE LEGALIDAD; LA JERARQUÍA NORMATIVA; LA PUBLICIDAD DE LAS NORMAS; LA IRRETROACTIVIDAD DE LAS DISPOSICIONES SANCIONADORAS NO FAVORABLES O RESTRICTIVAS DE DERECHOS INDIVIDUALES; LA SEGURIDAD JURÍDICA; LA RESPONSABILIDAD DE LOS PODERES PÚBLICOS; y LA INTERDICCIÓN DE LA ARBITRARIEDAD DE LOS PODERES PÚBLICOS.

Procedimiento de apremio *Véase* APREMIO.

Procedimiento extraordinario de reforma constitucional Se aplica a la reforma del Título Preliminar, el Título I, Cap. II, Sección primera (derechos fundamentales), El Título II (la Corona), o toda la Constitución. *Compárese* PROCEDIMIENTO ORDINARIO DE REFORMA CONSTITUCIONAL. Se exige la aprobación por una mayoría de dos tercios de cada Cámara.

Procedimiento ordinario de reforma constitucional Se aplica a cualquiera reforma de la Constitución que no exige un PROCEDIMIENTO EXTRAORDINARIO a tenor del art. 168.1 CE. Para aprobar la reforma, exige una mayoría de tres quintos de cada una de las Cámaras. Si no hubiera acuerdo entre las dos Cámaras, se crea una Comisión paritaria de Diputados y Senadores que necesita la misma mayoría calificada.

Proceso Conjunto de las actuaciones y escritos en una ACCIÓN. *Véase* JUICIO.

Procurador Persona que representa las partes en procesos judiciales. Represente a la víctima en conjunto con el LETRADO y ha de ser licenciado en derecho (o el equivalente) y estar colegiado en el *Colegio Profesional de Procuradores*.

Propiedad El derecho real pleno por excelencia.

Propiedad horizontal Una comunidad especial indivisa que se integra por edificios divididos en varios pisos o locales de varios propietarios independientes que disponen de un derecho exclusivo respecto a cada uno de ellos y, además, de un derecho de copropiedad conjunto con los demás propietarios respecto a los elementos comunes del inmueble (escaleras, parqueos, zonas de recreo, etc.).

Propietario del buque Persona física o jurídica que es el dueño del buque. Podrá ser civilmente responsable de los actos del Capitán y de las obligaciones contraídas por éste para reparar, habilitar y avituallar el buque.

Proposición deóntica Un aspecto de la norma que puede ser un mandato, permiso o prohibición y que se distingue del enunciado normativo mismo.

Providencia Una INTERLOCUTORIA que tiene por objeto la ordenación material del proceso (245.1 LOPJ). La providencia, que trata sobre cuestiones de trámite y peticiones secundarias, no tiene que ser razonada. Da impulso procesal al caso y se refiera a cuestiones procesales que requieran una decisión judicial (art. 206.2.1). *Compárese* AUTO.

Prueba Un elemento del PROCESO por la cual se convence al juez de la verdad o falsedad de los hechos alegados en el proceso.

Prueba anticipada Se refiere a la práctica anticipada de la prueba cuando exista el temor de que no sea posible practicar la prueba en el momento procesal oportuno.

Publicación del acto administrativo Una modalidad de NOTIFICACIÓN DEL ACTO ADMINISTRATIVO que se dirige a una pluralidad indeterminada de personas desconocidas. Consiste en insertar la resolución en el Boletín Oficial del Estado de la CA o de la Provincia que ha dictado el acto.

Publicidad de las normas Exige que las normas sean públicas y que se publiquen oficialmente. *Véase* PRINCIPIOS DEL ESTADO DE DERECHO.

Q

Quórum de constitución El número mínimo de miembros de un órgano colegiado (normalmente, la mayoría) necesario para considerar válidamente constituido el órgano. La falta del quórum de constitución de un órgano al tomar una decisión genera la nulidad del ACTO ADMINISTRATIVO. *Compárese* QUÓRUM DE VOTACIÓN.

Quórum de votación El número mínimo de votos en un órgano colegiado necesario para la toma de acuerdos. La falta del quórum de votación de un órgano al tomar una decisión genera la nulidad del ACTO ADMINISTRATIVO. *Compárese* QUÓRUM DE CONSTITUCIÓN.

Razón social El nombre y firma de una compañía o sociedad mercantil colectiva, comunitaria (comanditaria) o anónima.

Real decreto legislativo Una norma con rango de ley que supone la delegación del poder legislativo del Parlamento al Gobierno para la elaboración de un TEXTO ARTICULADO según criterios establecidos por el Parlamento o de un TEXTO REFUNDIDO basado en varios textos legales. *Compárese* REAL DECRETO-LEY.

Real decreto legislativo Una norma con rango de ley que supone la delegación del poder legislativo del Parlamento al Gobierno para la elaborararación de un: (i) TEXTO ARTICULADO, que habilita al Gobierno dictar una ley según criterios establecidos por el Parlamento; o (ii) TEXTO REFUNDIDO, que habilita al Gobierno refundir varios textos legales en un solo. *Compárese* REAL DECRETO-LEY.

Real decreto-ley Una norma del poder ejecutivo que tiene rango de ley de carácter provisional que sólo puede dictarse en caso de extraordinaria y urgente necesidad. *Compárese* REAL DECRETO LEGISLATIVO.

Recibo individual justificativo del pago del salario Un recibo entregado por el empresario a su trabajador que indica los diferentes conceptos y deducciones salariales en la remuneración del mismo. También se denominada «nomina».

Reconocimiento automático (*DIPr*) Un supuesto de RECONOCIMIENTO DE DECISIONES JUDICIALES por los Tribunales españoles cuando un tratado lo prevé de manera automática (art. 951 LEC 1881). Por ejemplo, según el Regl. 44/2001, los Tribunales españoles reconocerán automaticamente las decisiones judiciales de países miembros de la Comunidad Europea.

Reconocimiento de decisiones judiciales (*DIPr*) Homologación por los tribunales de un Estado de una decisión judicial dictada en otro Estado para que sea válida en aquel Estado. En el sistema interno español, se denomina EXEQUÁTUR. Tiene tres modalidades: el RECONOCIMIENTO AUTOMÁTICO, el RECONOCIMIENTO POR CONDICIONES y el RECONOMICIENTO POR RECIPROCIDAD. *Compárese* EJECUCIÓN DE DECISIONES JUDICIALES.

Reconocimiento judicial La percepción directa por el propio tribunal de la fuente de la prueba— que sea un lugar, objeto o persona— sin intermedios (art. 353.1 LEC).

Reconocimiento por condiciones (*DIPr*) Un supuesto de RECONOCIMIENTO DE DECISIONES JUDICIALES que se aplica cuando el supuesto no da lugar al RECONOCIMIENTO AUTOMÁTICO o al RECONOCIMIENTO POR RECIPROCIDAD.

Reconocimiento por reciprocidad (*DIPr*) Un supuesto de

RECONOCIMIENTO DE DECISIONES JUDICIALES en que el reconocimiento por España de decisiones extranjeros tiene la misma fuerza que el país extranjero diera a las decisiones españoles. Del mismo modo, si el país extranjero no dé reconocimiento a las decisiones españoles, la ejecutoria procediendo del dicho país no tendrá fuerza en España.

Reconvención Por la excepción de la reconvención, el demandado no sólo se defiende, sino también, aprovechando de la *litispendencia*, puede atacar al demandante, interponiendo contra éste alegaciones que serán tratadas en el mismo proceso y sentencia.

Recurso de alzada (*Derecho administrativo*) Un recurso administrativo de interposición obligada (para efectos de acudir a la jurisdicción contencioso-administrativa), mediante el cual el interesado exige al *superior jerárquico* del órgano que dictó el acto impugnado a que aquello examine dicho acto, siempre que el acto *no ponga fin* a la vía administrativa. *Compárese* RECURSO POTESTATIVO DE REPOSICIÓN.

Recurso de amparo Un recurso extraordinario ante el TC que protege frente a las *violaciones de los derechos* reconocidos en los arts. 14 a 30 CE *originadas por las actuaciones de los poderes públicos* del Estado, las CCAA y demás entes públicos de carácter territorial, corporativo o institucional, así como de sus funcionarios o agentes (art. 41.2 LOTC).

Recurso de apelación (*Derecho procesal*) Un RECURSO DEVOLUTIVO a través del cual la parte recurrente pide a que las resoluciones judiciales dictadas en primera instancia se reformen.

Recurso de casación (*Derecho procesal*) Un RECURSO DEVOLUTIVO que se interpone para que case o anule a una resolución de un juzgado inferior. Es un recurso extraordinario y por tanto, sólo se puede interponer para los motivos tasados previstos en la ley.

Recurso de queja (*Derecho procesal*) Un RECURSO DEVOLUTIVO que se interpone contra «los autos en que el tribunal que haya dictado la resolución denegare la tramitación de un recurso de apelación, extraordinario por infracción procesal o de casación» (art. 494 LEC).

Recurso de reposición (*Derecho procesal*) Recurso que se emplea en la impugnación de resoluciones interlocutorios que impulsan el procedimiento (los autos y providencias, no las sentencias). Es un recurso ordinario, no suspensivo y no devolutivo. (*Derecho administrativo*) *Véase* RECURSO POTESTATIVO DE REPOSICIÓN.

Recurso de revisión (*Derecho administrativo*) Un recurso administrativo que se interpone contra unos concretos actos por causas tasadas en la ley. Se puede interponer para impugnar los actos firmes (irrecurribles) en vía administrativa ante el mismo órgano que los dictó, que también será el competente para su resolución (art. 118.1 LAP).

Recurso extraordinario de revisión *Veáse* RECURSO DE REVISIÓN.

Recurso devolutivo (*Derecho procesal*) Recurso en que el juez superior jerárquicamente (*a quem*) resuelve el recurso. Son devolutivos el RECURSO DE APELACIÓN, el RECURSO DE CASACIÓN y el RECURSO DE QUEJA.

Recurso en interés de ley (*Derecho procesal*) Se interpone para obtener la unidad de doctrina jurisprudencial respecto de sentencias que resuelvan recursos extraordinarios por infracción de ley procesal, cuando las Salas de lo Civil y Penal de los Tribunales Superiores de Justicia sostuvieran criterios discrepantes sobre la interpretación de normas (art. 490.1 LEC).

Recurso potestativo de reposición (*Derecho administrativo*) Un recurso administrativo de carácter potestativo de modo que el interesado puede optar por interponerlo o por acudir directamente a la jurisdicción contencioso-administrativa. Siempre que el acto recurrido *ponga fin* a la vía administrativa, el recurso se interpone ante el mismo órgano que en vía de gestión dictó el acto, que el órgano es competente a resolver. *Compárese* RECURSO DE ALZADA.

Recursos administrativos comunes El RECURSO DE ALZADA y el RECURSO POTESTATIVO DE REPOSICIÓN.

Reducción (*Derecho tributario*) Un porcentaje que se minora de la CUOTA LÍQUIDA, no en concepto de incentivo fiscal (como es el caso de la deducción), sino por la capacidad del sujeto pasivo a contribuir. *Compárese* DEDUCCIÓN.

Reenvío Problema que surge cuando una norma de conflicto del foro que se declara competente remita a un ordenamiento jurídico extranjero, cuyo norma de conflicto, a su vez, remite el asunto de nuevo al ordenamiento jurídico del foro («reenvío de primer grado» o «reenvío de retorno») o de un tercer país («reenvío de segundo grado» o «reenvío ulterior»).

Reforma constitucional En España, exige una mayoría calificada de los representantes. Se trata de un PROCEDIMIENTO EXTRAORDINARIO para la reforma del Título Preliminar, el Título I, Cap. II, Sección primera (derechos fundamentales), El Título II (la Corona), o toda la Constitución. y un PROCEDIMIENTO ORDINARIO para cualquier otra reforma de la Constitución. *Compárese* REFORMA DE LEYES.

Reforma de leyes En España, exige una mayoría de los representantes. *Compárese* REFORMA CONSTITUCIONAL.

Registro publico Una institución jurídica en que están publicados datos a efectos de la publicidad. En un registro, pueden inscribirse el nacimiento, las situaciones personales, el matrimonio y la defunción de las personas físicas (en el caso del REGISTRO CIVIL); los propietarios de un bien (en el caso del REGISTRO DE LA PROPIEDAD); la inscripción de sociedades mercantiles (en el caso del REGISTRO MERCANTIL); etc.

Registro Civil Un REGISTRO PÚBLICO estatal al que corresponde la publicidad e inscripción de los siguientes actos y situaciones relativos al estado civil de las personas: el nacimiento, las situaciones personales (INCAPACITACIÓN, INCAPACIDAD, EMANCIPACIÓN, etc.) el matrimonio y la defunción (art. 325 y ss. CC). *Compárese* REGISTRO MERCANTIL.

Registro de la Propiedad Un REGISTRO PÚBLICO estatal al que corresponde la publicidad e inscripción o anotación de los actos y contratos relativos al dominio (propiedad) y derechos reales limitados sobre BIENES INMUEBLES (art. 1.I LH), que pueden ser cosas inmuebles (ej.: una finca) o derechos inmuebles (ej.: un derecho que recae sobre una finca).

Registro Mercantil Un REGISTRO PÚBLICO estatal que tiene por objeto: (i) la inscripción de los empresarios; (ii) la legalización de sus libros, el nombramiento de expertos independientes y de auditores de cuentas y el depósito y publicidad de los documentos contables; y (iii) la centralización y publicación de la información registral y de la información de resoluciones concursales (art. 2 RRM). *Compárese* REGISTRO CIVIL.

Regla de consunción Regla aplicable en supuestos de concurrencia aparente según la cual el precepto penal más amplio o complejo absorberá a los que castiguen las infracciones consumidas en aquél (art. 8.3 CP). También denominado PRECEPTO PENAL MÁS AMPLIO.

Regla de la especialidad Regla aplicable en supuestos de concurrencia aparente según la cual el precepto especial se aplicará con preferencia al general (regla de la especificidad) (art. 8.1 CP).

Regla del precepto penal más grave Regla aplicable en supuestos de concurrencia aparente según la cual se aplica la regla del precepto penal más grave en defecto de la aplicación de las demás reglas. Excluye los preceptos penales que castiguen el hecho con pena menor (art. 8.4 CP).

Regla del precepto subsidiario Regla aplicable en supuestos de concurrencia aparente según la cual el precepto subsidiario se aplicará sólo en defecto del principal, ya se declare expresamente dicha subsidiariedad, ya sea ésta tácitamente deducible (art. 8.2 CP).

Reglamento Cualquier norma o disposición jurídica dictada por la AP en virtud de una competencia propia subordinado a la ley. Normalmente, consiste en una serie de reglas o preceptos administrativos para el desarrollo y ejecución de una ley. *También denominado* DISPOSICIÓN ADMINISTRATIVA, DISPOSICIÓN GENERAL o DISPOSICIÓN REGLAMENTARIA.

Reglamento europeo Norma europea que tiene efectos directos en el ordenamiento español (ej.: el Código Aduanero Comunitario). Equivalen a las leyes en el sistema español interno. *Compárese* DIRECTIVA EUROPEA.

Relación jurídico-administrativa Conjunto de vínculos implicados entre una AP y un sujeto administrado u otra AP que viene regulado por el ordenamiento jurídico.

Relación laboral Una relación que nace de la prestación voluntaria de servicios pagados por cuenta ajena.

Relaciones paterno-filiales *Véase* PATRIA POTESTAD.

Remisión a un sistema plurilegislativo Una NORMA DE APLICACIÓN típica en Estados federales y en ciertos Estados unitarios en que conviven una pluralidad de distintos ordenamientos jurídicos y hay que determinar qué ordenamiento rige. También denominada CONFLICTO INTERNO.

Renta (*Derecho tributario*) Un beneficio monetario que genera una determinada actividad; ganancias o ingresos.

Renta de ahorro (*Derecho tributario*) Se integra por: (i) ciertos rendimientos del capital (art. 25.1 a 25.3 LIRPF, excepto por los rendimientos del capital mobiliario previstos en el art. 25.2 LIRPF procedentes de entidades vinculadas con el contribuyente); y (ii) las plusvalías y minusvalías patrimoniales que se pongan de manifiesto con ocasión de transmisiones de elementos patrimoniales (art. 46 LIRPF).

Renta general (*Derecho tributario*) Se integra por: (i) los rendimientos; (ii) las ganancias y pérdidas patrimoniales (que no tengan la consideración de renta del ahorro); y

(iii) las imputaciones de renta (art. 45 LIRPF).

Renta íntegra (*Derecho tributario*) Respecto al IRPF, la renta íntegra es igual a la base imponible.

Renting Contrato mercantil en el cual una de las partes, el arrendador, a cambio de un pago, cede a otra parte, el arrendatario, el uso de un bien normalmente necesario para la explotación industrial o comercial del arrendatario y a velar por el mantenimiento del bien. Suele ser un mix entre el arrendamiento de cosas y el *LEASING*. *También denominado* ARRENDAMIENTO EMPRESARIAL.

Renuncia La manifestación del demandante de la voluntad de abandonar el proceso. El demandante renuncia no solo sus pretensiones, sino también el derecho de volver a poner pleito idéntico, ya que despliega los efectos de COSA JUZGADA. *Compárese* DESISTIMIENTO.

Reposición (*Derecho administrativo*) *Véase* RECURSO POTESTATIVO DE REPOSICIÓN. (*Derecho procesal*) *Véase* RECURSO DE REPOSICIÓN.

Representación Institución en la cual un representado apodera a un representado a realizar un acto jurídico en el nombre del representado, vinculando éste con un tercero.

Representación directa Un tipo de representación voluntaria en que el representante actúa en nombre, cuenta, e interés ajeno. *Compárese* REPRESENTACIÓN INDIRECTA.

Representación indirecta Un tipo de representación voluntaria en que el representante actúa en nombre propio pero por cuenta e interés ajeno. A no confundir con ACCIÓN SUBROGATORIA. *Compárese* REPRESENTACIÓN DIRECTA.

Representación legal Un tipo de representación que se impone por una ley o sentencia en que un juez designa un representante por una determinada persona.

Representación procesal Implica la intervención de un PROCURADOR, que fuera de las excepciones articuladas en el art. 23 LEC ha de intervenir en el caso. *Compárese* DEFENSA TÉCNICA.

Representado El *dominus negotii* (o «señor del negocio»), o poderdante. *Véase* REPRESENTACIÓN.

Representante El apoderado. *Véase* REPRESENTACIÓN.

Res judicata *Véase* COSA JUZGADA.

Resarcimiento Indemnización para reparar un daño, perjuicio, o agravio. Consiste en atribuir al acreedor la cantidad de dinero que corresponda al daño que causó el deudor por su incumplimiento. El resarcimiento de daños y perjuicios es uno de los medios de defensa de la obligación.

Resarcimiento de daños y perjuicios Consiste en prestar al acreedor el equivalente de la utilidad que le hubiere reportado si el deudor habría cumplido con su obligación.

Rescisión (*Derecho civil*) Un recurso extraordinario concedido para evitar en casos establecidos por la ley las consecuencias injustas de

contratos válidamente celebrados, como el fraude de acreedores (*véase* arts. 1.290 y ss. CC). La acción de rescisión tiene carácter subsidiario— solo podrá ejercitarse cuando el perjudicado carezca de todo otro recurso legal para obtener la reparación del perjuicio (art. 1.294 CC).

Reserva de dominio Una cláusula que se pone en el contrato en que el vendedor da posesión al comprador pero reserva el dominio de la cosa hasta que el comprador paga todos los plazos.

Reserva de Ley Según este principio, «Nadie puede ser condenado o sancionado por acciones u omisiones que en el momento de producirse no constituyan delito, falta o infracción administrativa, según la legislación vigente en aquel momento» (art. 25.1 CE). *Véase* PRINCIPIO DE LEGALIDAD.

Resolución *Véase* RESOLUCIÓN DEL CONTRATO.

Resolución convencional (*Derecho civil*) La revocación de un contrato, normalmente válido y eficaz, por el acuerdo voluntario de las dos partes. *Compárese* RESOLUCIÓN UNILATERAL. *Véase* RESOLUCIÓN DEL CONTRATO.

Resolución del contrato (*Derecho civil*) Normalmente se refiere a la impugnación del contrato por incumplimiento de una de las partes, permitiendo a quien impugna demandar la devolución del precio o de la cosa vendida. Puede también referirse a la impugnación de un contrato *no por incumplimiento*, sino por el acuerdo voluntario de las partes (*véase* RESOLUCIÓN CONVENCIONAL) o por disposición legal (*véase* RESOLUCIÓN UNILATERAL).

Resolución gubernativa (*Derecho procesal*) Una resolución dictada por jueces y tribunales que no tenga carácter jurisdiccional. Es una modalidad de resolución judicial. *Compárese* RESOLUCIÓN JURISDICCIONAL.

Resolución jurisdiccional (*Derecho procesal*) Una sentencia, providencia o auto por el que el tribunal da respuesta a las pretensiones de las partes o da a las actuaciones el trámite legalmente establecido. Es una modalidad de resolución judicial. *Compárese* RESOLUCIÓN GUBERNATIVA.

Resolución legal (*Derecho civil*) *Véase* RESOLUCIÓN UNILATERAL.

Resolución unilateral (*Derecho civil*) La revocación de un contrato, normalmente válido y eficaz, por uno de los contratantes que se apoya en una disposición legal que deshace el contrato. *También denominada* REVOCACIÓN LEGAL. *Compárese* RESOLUCIÓN CONVENCIONAL. *Véase* RESOLUCIÓN DEL CONTRATO.

Responsabilidad criminal de los miembros del Gobierno Un supuesto de RESPONSABILIDAD DE LOS PODERES PÚBLICOS. La responsabilidad criminal del Presidente y los demás miembros del Gobierno será exigible ante la Sala de lo Penal del Tribunal Supremo.

Responsabilidad de la Administración Pública Un supuesto de RESPONSABILIDAD DE LOS PODERES PÚBLICOS que se refiere a la obligación a que el Estado responda cuando haya una lesión de un particular que no está obligado a soportarla.

Responsabilidad de los poderes públicos La obligación de justificar la propia actuación de los poderes públicos. Tiene varias manifestaciones: la RESPONSABILIDAD DE LA ADMINISTRACIÓN PÚBLICA; la RESPONSABILIDAD CRIMINAL DE LOS MIEMBROS DEL GOBIERNO; y la RESPONSABILIDAD POR ERRORES EN LA SENTENCIA. *Véase* PRINCIPIOS DEL ESTADO DE DERECHO.

Responsabilidad patrimonial de la Administración Pública Un instituto que asegura que los particulares, en los términos establecidos por la ley, tengan derecho a ser indemnizados por toda lesión que sufran en cualquiera de sus bienes y derechos, salvo en los casos de fuerza mayor, siempre que la lesión sea consecuencia del funcionamiento de los servicios públicos (art. 106.2 CE).

Responsabilidad penal La responsabilidad penal nace cuando el sujeto tiene culpa, que puede ser por imprudencia (el sujeto culposo) o dolo (el sujeto doloso).

Responsabilidad por el hecho Se refiere a la exclusión de responsabilidad por el hecho. Tiene tres causas principales: (i) el estado de necesidad por bienes iguales (art. 20.5 CP); (ii) el miedo insuperable (art. 20.6 CP); y (iii) algunos casos de aborto (Art. 417 bis CP de 1973). Compare JUSTIFICACIÓN.

Responsabilidad por errores en la sentencia Un supuesto de RESPONSABILIDAD DE LOS PODERES PÚBLICOS. Se refiere al derecho a una indemnización a cargo del Estado por los daños causados por error judicial, así como los que sean consecuencia del funcionamiento anormal de la Administración de Justicia (art. 121 CE).

Retención Un derecho real limitado que permite al acreedor conservar una cosa del deudor que el acreedor ya tiene en su posesión, hasta que el deudor satisfaga ciertos créditos relaciones con la con la misma cosa.

Retenciones a cuenta (*Derecho tributario*) Una fórmula impuesta por la Hacienda Pública, a través de la cual se consiga que la Hacienda Pública disponga de liquidez al largo del año. Respecto al IRPF, facilita al contribuyente el cumplimiento se su obligación tributaria, prorrogando durante todo el año el pago del tributo que debe. *Véase también* INGRESOS A CUENTA *y* PAGOS FRACCIONADOS.

Retracto Derecho a la adquisición preferente de una cosa que será enajenada a título oneroso. Actúa con posterioridad de la enajenación, una vez que el titular del retracto tenga conocimiento de ésta. Puede ser voluntario (RETRACTO CONVENCIONAL) o legal (RETRACTO LEGAL). *Compárese* TANTEO.

Retracto convencional Un contrato en que el vendedor se reserve el derecho de recuperar la cosa vendida, con obligación de no hacer uso del derecho de retracto sin rembolsar al comprador el precio de la venta, y además, los gastos del contrato y de cualquier otro pago legítimo hecho para la venta y de los gastos necesarios y útiles hechos en la cosa vendida (art. 1.507 CC). *Compárese* RETRACTO LEGAL.

Retracto legal Una modalidad del derecho de RETRACTO establecida por ley. Permite a una tercera persona ajena al originario contrato ejercitar la compraventa en cuestión (art. 25 LAU). *Compárese* RETRACTO CONVENCIONAL.

Revocación unilateral *Véase* RESOLUCIÓN UNILATERAL.

Rollo El nombre que designa la demanda cuando se pase el caso a la audiencia.

Rótulo del establecimiento Un signo distintivo de un establecimiento que sirve para distinguirlo de otros destinados a actividades idénticas o similares.

S

Salario La totalidad de las percepciones económicas del trabajador, en dinero o en especie, por la prestación de los servicios laborales por cuenta ajena (art. 26.1 ET). Su estructura consiste en un salario base, como retribución fijada por unidad de tiempo o de obra y, en su caso, complementos salariales.

Salario de tramitación Una indemnización que recibe el trabajador que equivale al salario que habría recibido si estuviera trabajando desde el momento de su despido improcedente hasta que se dictó una sentencia judicial declarando el mismo.

Sana crítica El sistema de la valoración de la prueba según la LEC es un sistema de libre valoración (al contrario al sistema de prueba tasado), por lo cual el juzgado valora la prueba conforme a las reglas de *la sana crítica*, que somete la prueba a la racionalidad y la lógica.

Saneamiento La obligación del vendedor no solamente de entregar una cosa vendida, sino también de mantener al comprador en el goce de una posesión pacífica y útil de la cosa (*véase* arts. 1.461 y ss. CC). *También denominado* GARANTÍA.

Satisfacción extra-procesal/carencia sobrevenida del objeto Terminación del proceso en que dejare de haber interés legítimo en obtener la tutela judicial del demandante porque se hayan satisfecho fuera del proceso.

Secularización del poder Implica una finalidad del poder político no religiosa, sino temporal. El ámbito supernatural no corresponde al poder político, y por tanto, ninguna confesión tendrá carácter estatal (art. 16.3 CE).

Seguridad jurídica La certeza que todo ciudadano debe tener con respecto a las normas estatales para poder prever y calcular anticipadamente de las reacciones del Estado en cuanto a su comportamiento. *Véase* PRINCIPIOS DEL ESTADO DEL DERECHO.

Seguridad Social Un sistema de seguridad económica en el que el Estado protege a las personas por razón de sus actividades. Cubre el mayor número posible de ciudadanos frente al mayor número posible de contingencias y riesgos legalmente determinadas.

Seguro de caución Contrato de seguro en el cual el asegurador se obliga, en caso de *incumplimiento por el tomador* del seguro de sus obligaciones, a indemnizar al asegurado a título de resarcimiento o penalidad los daños patrimoniales sufridos, dentro de los límites establecidos en la ley o en el contrato.

Senado La Cámara de representación territorial del Legislador. Es integrado por dos tipos de senadores: los Senadores provinciales (de las provincias) y los senadores comunitarios (de las CCAA). *Compárese* CONGRESO DE LOS DIPUTADOS.

Sentencia La resolución judicial que decide definitivamente el pleito o causa en cualquier instancia o recurso (245.1 LOPJ).

Sentencia ilíquida Una sentencia que impone al demandado el pago fijo en un solo momento. *Véase* SENTENCIA LÍQUIDA.

Sentencia líquida Una sentencia que condena al demandado pagar una cantidad fija diariamente desde el día de la sentencia hasta el pago total. Hoy en día, todas las sentencias son líquidas. *Véase* SENTENCIA ILÍQUIDA.

Separación de hecho Separación de una persona de su conjugue por vivir por separado y por un documento de un notario diciendo que están separados

Separación legal Separación de una persona de su conjugue por un juez quien ordena la separación. *Véase* SEPARACIÓN DE HECHO.

Servidumbre Un gravamen impuesto sobre un inmueble en beneficio de otro perteneciente a distinto dueño. El inmueble a cuyo favor está constituida la servidumbre, se llama predio dominante; el que la sufre, predio sirviente (art. 530 CC). Puede ser, por ejemplo, un paso a través del predio sirviente.

Silencio administrativo Un silencio que permite la presunción que una AP, por no haber resuelto un asunto en el plazo legalmente establecido, ha adoptado una resolución determinada. Se trata de una ficción jurídica que otorga a la inactividad administrativa un efecto jurídico.

Véase SILENCIO ADMINISTRATIVO NEGATIVO y SILENCIO ADMINISTRATIVO NEGATIVO.

Silencio administrativo negativo Un tipo de SILENCIO ADMINISTRATIVO que tiene por efecto la desestimación de la solicitud del interesado. El silencio negativo es la excepción a la regla general en el derecho administrativo. *Compárese* SILENCIO ADMINISTRATIVO POSITIVO.

Silencio administrativo positivo Un tipo de SILENCIO ADMINISTRATIVO que tiene por efecto la estimación de la solicitud del interesado. Por regla general, opera el silencio positivo cuando la AP se exceda de los plazos establecidos. *Compárese* SILENCIO ADMINISTRATIVO NEGATIVOS.

Simple préstamo *Véase* MUTUO.

Síndic de Greuges El órgano en Cataluña que corresponde al DEFENSOR DEL PUEBLO del Estado. Tienen la función de *proteger* y *defender* los derechos y las libertades reconocidos por la CE y el EAC que corresponde. Literalmente: *síndico de agravios*. *Compárese* SINDICATURA DE COMPTES.

Sindicato Asociación formada con el objeto de defender los intereses económicos y sociales de los trabajadores. Su estructura interna y funcionamiento han de ser democráticos. *Compárese* COMITÉ DE EMPRESA.

Sindicatura de comptes El órgano en Cataluña que corresponde al TRIBUNAL DE CUENTAS del Estado. Vela por las cuentas y la gestión económica de la CA de Cataluña y del sector público. Literalmente: *sindicatura de cuentas*. *Compárese* SÍNDIC DE GREUGES.

Sine qua non *Véase* la TEORÍA DE LA CONDITIO SINE QUA NON.

Sistema parlamentario Forma de gobierno que se caracteriza por una concepción dualista del ejecutivo entre el jefe del Estado (normalmente, un Presidente), que asegura la continuidad de la comunidad política, y el jefe del Gobierno (normalmente, el Primer Ministro), que se encarga de la gestión ordinaria de dirección política. *Compárese* SISTEMA PRESIDENCIALISTA *y* SISTEMA SEMIPRESIDENCIALISTA.

Sistema presidencialista Forma de gobierno que se caracteriza por una concepción monista del ejecutivo en la que el Jefe del Estado y el Jefe del Gobierno se reúnen en una sóla persona que normalmente es el Presidente. Tanto el Presidente como el Parlamento son elegidos por los ciudadanos. *Compárese* SISTEMA PARLAMENTARIO *y* SISTEMA SEMIPRESIDENCIALISTA.

Sistema semipresidencialista Forma de gobierno que se caracteriza por una concepción mixta del SISTEMA PARLAMENTARIO y del SISTEMA PRESIDENCIALISTA. Como en el sistema presidencialista, hay un Presidente a quien el Parlamento no puede pedir cuentas y, como en el sistema parlamentario, hay un jefe del Gobierno a quien sí puede pedir cuentas, reclamando legitimación política.

Sobreseimiento El acto que impone término al proceso cuando concurre un óbice procedimental que impide proceder el juicio, implicando su archivo.

Sociedad anónima Una sociedad mercantil capitalista cuyo capital está dividido en acciones y se integra por las aportaciones de los socios, quienes no responden personalmente de las deudas sociales (art. 1 LSA).

Sociedad anónima europea Un tipo de sociedad mercantil capitalista que resulta del Reglamento 2157/2001, del Consejo, de 8 de octubre, el cual establece un marco común a todos los Estados miembros.

Sociedad atípica Una sociedad que no está tipificada en ningún tipo social admitido en el ordenamiento jurídico y que queda sujeta a los regímenes de la sociedad civil o de la sociedad colectiva. Son sociedades atípicas la SOCIEDAD IRREGULAR, la SOCIEDAD DE HECHO y, según algunos autores, la SOCIEDAD EN FORMACIÓN.

Sociedad capitalista Una sociedad en que la dirección y la propiedad de la empresa están separadas y por tanto, los socios son miembros pasivos de la empresa que sólo tienen derecho a la propiedad de la empresa y no a su organización o gestión. *Compárese* SOCIEDAD PERSONALISTA.

Sociedad civil Una entidad que se caracteriza por la puesta en común de dinero, bienes o industria de dos o más personas con ánimo de lucro (art. 1.665 CC). Se establece por un contrato (también denominado «sociedad civil») de naturaleza asociativa y, por tanto, plurilateral.

Sociedad colectiva Una SOCIEDAD PERSONALISTA en la que todos los socios en nombre colectivo participan en la aportación de capital, industria o trabajo y se hacen responsables personal, ilimitada y solidariamente de las operaciones sociales.

Sociedad comanditaria Una SOCIEDAD PERSONALISTA mixta de colectiva y anónima. Está compuesta de los *socios colectivos* de responsabilidad ilimitada y de los *socios comanditarios* de responsabilidad limitada. Tiene dos modalidades: la SOCIEDAD COMANDITARIA SIMPLE y la SOCIEDAD COMANDITARIA POR ACCIONES. *También denominada* SOCIEDAD EN COMANDITA.

Sociedad comanditaria por acciones Una SOCIEDAD COMANDITARIA cuyo capital aportado por los socios se halla divido en acciones (art. 151 CCo). Es preciso destacar que el régimen jurídico de la la sociedad comanditaria por acciones parece más al régimen de la SOCIEDAD ANÓNIMA que al régimen de la SOCIEDAD COMANDITARIA SIMPLE.

Sociedad comanditaria simple Una SOCIEDAD COMANDITARIA cuyo capital aportado por los socios no se halla divido en acciones. *Compárese* SOCIEDAD COMANDITARIA POR ACCIONES.

Sociedad cooperativa Una sociedad constituida por personas que se asocian, en régimen de libre adhesión y baja voluntaria, para la realización de actividades empresariales encaminadas a satisfacer sus necesidades y aspiraciones económicas y sociales que les son comunes, con estructura y funcionamiento democrático.

Sociedad de capital variable Una sociedad cuyo capital social invertido en fuerza de trabajo puede ser aumentada o disminuida facilmente dentro de ciertos límites.

Sociedad de hecho Una SOCIEDAD ATÍPICA inscrita en el Registro Mercantil que padece un vicio tan grave que no puede ser reconocida como válida por el ordenamiento jurídico. La nulidad ha de ser declarada por una sentencia judicial. *También denominada* SOCIEDAD NULA.

Sociedad de responsabilidad limitada Una sociedad mercantil capitalista cuyo capital está dividido en *participaciones sociales* de igual valor que se integran por las *aportaciones de todos los socios*, quienes no responderán personalmente de las deudas sociales (arts. 1 y 3 LSRL). *También denominada* SOCIEDAD LIMITADA.

Sociedad dominada *Véase* SOCIEDAD FILIAL.

Sociedad dominante Una sociedad con una posición activa de dominio en la política empresarial de un GRUPO DE SOCIEDADES. Estará obligada a formular cuentas anuales y un informe de gestión (art. 42.1 CCo). También denominada SOCIEDAD *HOLDING* y SOCIEDAD MATRIZ.

Sociedad en comandita *Véase* SOCIEDAD COMANDITARIA.

Sociedad en formación La SA o SRL antes del nacimiento de su personalidad jurídica mediante su inscripción en el Registro Mercantil. Por regla general, responderán solidariamente por los actos y contratos celebrados en nombre de la sociedad en formación quienes los hubieren celebrado (art. 15.1 LSA, art. 11.3 LSRL).

Sociedad filial Una sociedad con una posición pasiva dominada en la política empresarial de un GRUPO DE SOCIEDADES. También denominada SOCIEDAD DOMINADA.

Sociedad *holding* *Véase* SOCIEDAD DOMINANTE.

Sociedad irregular Una SOCIEDAD ATÍPICA que opera como una sociedad en el tráfico sin haber cumplido los requerimientos de inscribir la escritura pública en el Registro Mercantil. Si la sociedad ha iniciado o continúa sus operaciones sin inscripción pública, se aplicarán las normas de la sociedad colectiva o, en su caso, las de la sociedad civil (art. 16 LSA).

Sociedad laboral Una SOCIEDAD ANÓNIMA o SOCIEDAD DE RESPONSABILIDAD LIMITADA en la que al menos 51% del capital social corresponde a trabajadores contratados por tiempo indefinido con jornada completa que prestan sus servicios retribuidos personal y directamente. Se rige por la Ley 4/1997, de 24 marzo.

Sociedad limitada *Véase* SOCIEDAD DE RESPONSABILIDAD LIMITADA.

Sociedad matriz *Véase* SOCIEDAD DOMINANTE.

Sociedad mercantil de capital público

Sociedad nueva empresa Una modalidad de la SOCIEDAD DE RESPONSABILIDAD LIMITADA que se rige por los arts. 130 a 144 LSRL y por las disposiciones generales contenidas en la LSRL. Por una serie de procedimientos informáticos y telemáticos, se puede constituir la SNE en un tiempo abreviado.

Sociedad nula *Véase* SOCIEDAD DE HECHO.

Sociedad personalista Una sociedad en que la dirección y la propiedad no están separadas y por tanto, los socios, además de tener derecho a la propiedad de la empresa, tienen una influencia directa en su organización y gestión. Hay tres tipos: la SOCIEDAD COLECTIVA, la SOCIEDAD COMANDITARIA y la SOCIEDAD COMANDITARIA POR ACCIONES. *Compárese* SOCIEDAD CAPITALISTA.

Sociedad unipersonal Aquella que cuenta con un único socio. Tanto la SA como la SRL admiten la posibilidad de constituir una sociedad unipersonal. *Véase* arts. 125 a 129 LSRL y art. 311 LSA.

Socio Un miembro de una sociedad cuyo régimen y posición jurídicos varía según el tipo de sociedad de que sea miembro (sociedad colectiva, comanditario simple, etc.).

Socio capitalista *Véase* SOCIO COMANDITARIO.

Socio comanditario Una persona que aporta capital a una compañía o sociedad y cuya responsabilidad está limitada a la cantidad del capital aportado.

Solidaridad (*Derecho constitucional*) Principio del art. 2 CE que tiene dos dimensiones: la solidaridad institucional y la solidaridad económica. (*Derecho civil y mercantil*) *Véase* OBLIGACIÓN SOLIDARIA.

Sublegado De acuerdo con el art. 858 CC, se refiere a la facultad del testador a gravar con un legado o manda al legatario mismo (no al heredero).

Subrogación real El cambio de bien por bien o de bien por dinero. *Compárese* PERMUTA.

Subsunción El acto de coger los hechos que han de ser enjuiciados y meterlos en la norma aplicable. El momento en el que se sabe lo que ha ocurrido por fijar los hechos es el momento de la subsunción de los mismos en la norma.

Sucesión En su sentido general, es una institución por la cual un sujeto sustituye otro en sus relaciones jurídicas que permanecen no cambiadas. Puede ser *inter vivos*, en que se realiza durante la vida del causante (ej.: la sucesión de titulares en una compraventa) o por causa de muerte (ej.: la sucesión testamentaria).

Sucesión hereditaria *Véase* SUCESIÓN *MORTIS CAUSA*.

Sucesión *inter vivos* (*Derecho laboral*) La transmisión de la empresa u otro centro de trabajo por una compraventa o adquisición en una subasta pública, donación, fusión, etc. Lo que se vende debe comprender los elementos esenciales de la actividad empresarial. (*Derecho procesal*) Cambio de partes, o sucesión procesal, entre personas en vida en dos supuestos: la sucesión por transmisión del objeto litigioso (art. 17 LEC) y la sucesión en casos de intervención provocada (art. 18 LEC).

Sucesión *mortis causa* (*Derecho civil*) Se refiere a la sucesión hereditaria de una persona a las relaciones jurídicas transmisibles de otra persona cuando ésta fallece. Puede ser universal o particular; voluntaria o legal. (*Derecho procesal*) Cambio de partes, o sucesión procesal, en que la persona o personas que sucedan al causante por muerte podrán continuar ocupando en el juicio su posición. *Compárese* SUCESIÓN *MORTIS CAUSA* (DERECHO LABORAL). *También denominada* SUCESIÓN POR CAUSA DE MUERTE o SUCESIÓN HEREDITARIA.

Sucesión por causa de muerte *Véase* SUCESIÓN *MORTIS CAUSA*.

Sucesión procesal (*Derecho procesal*) *Véase* CAMBIO DE PARTES.

Sujeto pasivo (*Derecho tributario*) El obligado tributario que, según la ley, debe cumplir la obligación tributaria principal, así como las obligaciones formales inherentes a la misma, sea como contribuyente o como sustituto del mismo (art. 36.1 LGT).

Superficie Derecho real limitado que se otorga por una parte, el propietario de un terreno, a otra parte, el superficiario, que permite a éste levantar en el terreno edificios o plantaciones de los que deviene titular el superficiario por un período temporal.

Supermayoría *Véase* MAYORÍA CALIFICADA.

Supremacía de la Ley Tiene dos sentidos: (i) hay primacía del Derecho escrito sobre el no-escrito; (ii) entre todas las normas escritas, tendrán preferencia las que tengan rango de Ley. *Véase* PRINCIPIO DE LEGALIDAD.

Supuesto de hecho Objeto o materia a la que se refiere una norma que se caracteriza por una categoría jurídica (ejs.: la sucesión, el divorcio, la obligación contractual, la adopción, etc.). *Véase* CAUSA *PETENDI*.

Suspensión de empleo y saldo Una sanción que el empresario puede imponer a un trabajador en virtud de incumplimientos laborales. Consiste en la suspensión en la prestación laboral y la privación del salario durante un tiempo determinado (art. 58 ET).

Suspensión del contrato laboral Un supuesto en que se exonera al empleado de su obligación de trabajar y al empresario de su obligación de remunerar el trabajo (art. 45.2 ET). Como la interrupción en la prestación de servicios y de remuneración es temporal, se reanuda el contrato en idénticos términos a los existentes antes de la suspensión. *Compárese* EXCEDENCIA FORZOSA.

Suspensión del proceso Un supuesto de CRISIS PROCESAL en que el proceso se suspenda por acuerdo de las partes.

Sustitución ejemplar Una modalidad de sustitución hereditaria en que el padre u otro ascendiente nombre un sucesor sustituto de su descendiente *mayor de catorce años*, que, conforme a derecho, haya sido declarado *incapacitado por enajenación mental* (art. 776.I CC).

Sustitución fideicomisaria Una modalidad de sustitución hereditaria en que el testador, o «fideicomitente», nombra a un heredero, o «fideicomisario», para que reciba toda la herencia a título universal o particular (en el caso de legados), después de otro heredero, el «fiduciario», que la recibe antes (art. 781 CC).

Sustitución pupilar Una modalidad de sustitución hereditaria en que el padre u otro ascendiente nombra un sucesor sustitutito *del hijo* o *descendiente menor de catorce años*, para el caso de que muera antes de dicha edad (art. 775 CC).

Sustitución vulgar Una modalidad de sustitución hereditaria en que el testador nombra una sustitución del heredero o legatario en primer lugar, para el caso de que éste muera antes de ser heredero, o no quiera o no pueda aceptar la herencia (art. 774.I CC).

Tanteo Derecho a la adquisición preferente de una cosa que será enajenada a título oneroso antes de cualquiera otra persona. Se ejercita el derecho antes de que se produzca la enajenación. *Compárese* RETRACTO.

Tarifa El conjunto de tipos de gravamen aplicables a las distintas unidades o tramos de base liquidable en un tributo (art. 55.2 LGT).

Tasa Los tributos cuyo hecho imponible consiste en la *utilización privativa* o el *aprovechamiento especial* del dominio público, la prestación de servicios o la realización de actividades en régimen de derecho público que se refieran, afecten o *beneficien de modo particular al obligado tributario*, cuando los servicios o actividades no sean de solicitud o recepción voluntaria para los obligados tributarios o no se presten o realicen por el sector privado (art. 2.2.a LGT). *Compárese* CONTRIBUCIONES ESPECIALES e IMPUESTO.

Tasado En el modelo de vinculación positiva de la Administración a la Ley y al Derecho, cada órgano tiene funciones tasadas. Las intervenciones de la Administración deben ser habilitadas por la Ley, bajo el control de los Tribunales (art. 106.1 CE).

Técnica de regulación *Véase* NORMA REGULADORA.

Técnica directa de normas reguladoras (*DIPr*) Una norma que pretende *directamente* indicar los términos de la ley que se aplica a un supuesto intencional. En contraste con la técnica indirecta, esta técnica no redirige el lector a otra fuente para buscar la ley; en cambio, define los términos de la ley por sí misma. Emplea tres tipos de normas: normas especiales-materiales, normas auto-limitadas; y normas imperativas.

Técnica indirecta de normas reguladoras (*DIPr*) Técnica que no da por sí misma la respuesta a un supuesto de carácter internacional, sino indica que ordenamiento jurídico material se aplica para resolver la cuestión. Emplea solamente un tipo de norma: la norma de conflicto.

Teleológico En derecho penal, una lectura teleológica de una norma va hacía el propósito de la norma. Contrasta con una lectura histórica o gramatical de la norma. *Véase* ONTOLÓGICO.

Tenedor Él que recibe la letra de cambio posteriormente del tomador.

Teoría de la conditio sine qua non Para determinar si hay causalidad, se aplica la teoría de la conditio sine qua non, que consiste en suprimir el comportamiento del acusado (o añadirlo en casos de omisiones) para determinar si el resultado habría tenido lugar. Si no, se concluye que el comportamiento fue causa directa.

Término Un elemento accidental del negocio jurídico que se refiere al momento en que inician o finalizan los efectos del negocio jurídico.

Indica un momento futuro e cierto, que puede ser una fecha determinada o determinable. *Compárese* CONDICIÓN y DISPOSICIÓN MODAL.

Tesoro Un alhaja u otro objeto oculto de valor extraordinario cuyo pertenencia no conste. Pertenece al propietario de la finca en que se halle, pero quien lo descubre tiene el derecho a la mitad de su valor.

Testamento Negocio jurídico por el que un testador consta su voluntad con respecto a la entrega de los bienes de su patrimonio a determinadas personas para después de su muerte. Puede ser común o especial.

Texto articulado Un tipo de REAL DECRETO LEGISLATIVO (decreto con rango de ley) que se otorgan mediante una ley de bases. El Parlamento da al Gobierno unos criterios que el Gobierno debe tener en cuenta a la hora de articular la norma. *Compárese* TEXTO REFUNDIDO.

Texto refundido Un tipo de REAL DECRETO LEGISLATIVO en que el Parlamento pide al Gobierno que acabe en un solo texto lo que está disperso en varios. *Compárese* TEXTO ARTICULADO.

Tipicidad de la obligación Se refiere a la homogeneidad y uniformidad del acto de comercio en el mercado, según dos supuestos, la obligación en masa y la obligación en serie, que es objetivo y no depende de la persona.

Tipo de gravamen La cifra, coeficiente o porcentaje que se aplica a la BASE LIQUIDABLE para obtener como resultado la CUOTA ÍNTEGRA (art. 55.1 LGT).

Título cambiario Hay dos: la letra de cambio y el cheque.

Título valor Un documento transmisible necesario para ejercitar el derecho que se menciona en él. Son títulos valores, entre otros, el dinero, la letra de cambio, el pagaré y el cheque.

Tomador Él tercero que recibe la letra de cambio en primer lugar.

Trabajador Dentro del ámbito del ET, es aquella persona que presta sus servicios retribuidos por cuenta ajena y dentro del ámbito de organización y dirección de otra persona, física o jurídica, denominada empleador o empresario (art. 1.1 ET).

Trabajador fijo-discontinuo Un trabajador a tiempo parcial que sólo trabaja durante una parte del año (p. ej.: sólo durante los veranos).

Trabajo por contratas A través de esta figura, una empresa, denominada «empresa principal», contrata los servicios de otra empresa auxiliar, denominada «contratista», para que ésta preste los servicios de un trabajador a la empresa principal en alguna área específica (ej.: la seguridad).

Tradición Respecto a los derechos reales, siempre equivale a la entrega de un bien a alguien. *También denominada* MODO.

Trámite de audiencia Instruidos los procedimientos administrativos, e inmediatamente antes de redactar la propuesta de resolución, se pondrán de manifiesto a los interesados o a sus representantes, con algunas excepciones legalmente establecidas, para que éstos puedan alegar y presentar los documentos y justificaciones que estimen pertinentes (art. 84.1-.2 LAP). *Compárese* INFORMACIÓN PÚBLICA.

Transacción (*Derecho procesal*) Una forma de terminación anormal del proceso en que las partes logran un contrato y acuerdan dar, prometer, o retener cada una alguna cosa, afin de evitar la provocación de un pleito o poner término a un pleito que ya había comenzado (art. 1.809 CC).

Transferencia de tecnología (contrato de) *Véase* «Know-how» (CONTRATO DE).

Transporte de mercancías Contrato en que una persona (el porteador) se obliga, a cambio del pago de un precio, a transportar mercancías por mar de un lugar a otro bajo su custodia.

Traslado Un tipo de MOVILIDAD GEOGRÁFICA que supone un cambio de residencia de más de doce meses en tres años. Se aplican regímenes distintos según sea el traslado individual o colectivo. *Compárese* DESPLAZAMIENTO.

Tratado internacional Un acuerdo que crea obligaciones entre los Estados miembros dentro del Derecho internacional. En España, se lo autoriza mediante ley orgánica.

Tribunal de cuentas El supremo órgano fiscalizador de control de las cuentas y de la gestión económica del Estado y del sector público. Depende de las CCGG y ejerce sus funciones por delegación de ellas en el examen y comprobación de la Cuenta General del Estado (art. 136.1 CE).

Tributación conjunto Un impuesto cuyo sujeto pasivo no es el individuo, sino la familia.

Tributo Un ingreso público que consiste en prestaciones pecuniarias exigidas por una AP como consecuencia de la realización del supuesto de hecho al que la Ley vincula el deber de contribuir (art. 2.1 LGT).

Tutela Institución legal que tiene como fin la protección de la persona y/o bienes de los incapaces (menores de edad) e incapacitados por encomendar su representación a un TUTOR.

Tutor La persona encargada de llevar a cabo la TUTELA bajo la vigilancia de los órganos judiciales. Tiene los mismos derechos que el padre habría tenido (el respeto y obediencia del tutelado, etc.) y el derecho a una retribución. Además, tiene las obligaciones de de realizar un inventario, prestar depósito, representar al menor o incapacitado, etc.

U

Unidad Una de las características de la nación española a tenor del art. 2 CE. Tiene dos maneras de entenderse: la unidad como conjunto de límites de autonomía (por interés general, igualdad, y unidad del mercado); y la unidad como fuente de los poderes del Estado (fuente de la supremacía del sistema normativo estatal; fuente de la supremacía del orden económico estatal; y fuente de la supremacía estatal derivada de sistemas de control sobre actividades autómicas).

Unidad de empresas Un grupo de varias empresas con patrimonios comunicados, una única dirección y trabajadores que realizan prestaciones laborales a varias sociedades del grupo. *Compárese* GRUPO DE SOCIEDADES.

Uso Un derecho real limitado que permite al usuario poseer y utilizar un bien ajeno en la forma establecida por el título de constitución o, en su defecto, de modo suficiente para atender sus necesidades y las de quienes convivan con él (art. 562-6 CCC).

Usufructo El derecho real de usar y disfrutar (gozar) de bienes ajenos salvando su forma y sustancia, salvo que las leyes o el título de constitución establezcan otra cosa.

V

Vacatio legis Periodo que media entre el momento de la publicación de una norma y el momento en que despliega efectos.

Vecindad civil El vínculo de dependencia regional que determine la sujeción al derecho civil común o al especial o foral a la exclusión de los demás (art. 14.1 CC).

Verificación de datos (*Derecho tributario*) Sólo se hace a partir de los datos que ya dispone la AT, que podrá iniciarla en los casos tasados en la ley (p. ej.: cuando la autoliquidación del obligado tributario adolezca de *defectos formales* o incurra en *errores aritméticos*) (art. 131 LGT). *Compárese* COMPROBACIÓN DE VALORES y COMPROBACIÓN LIMITADA.

Vía de hecho Una actuación administrativa que prescinda de normas de competencia o de procedimiento y que sea susceptible de ocasionar perjuicios a derechos de los ciudadanos (ej.: la expropiación forzosa de una casa sin notificación al dueño).

Vicios ocultos Según los arts. 1.474 y ss. CC, él que vende un bien con defectos o vicios ocultos responderá al comprador de los vicios ocultos que tuviere, siempre que el comprador no haya renunciado este derecho.

Vigencia Si un tribunal determina que una norma ya no está vigente, la inaplicará en el caso concreto frente al tribunal, pero esta decisión no tendrá efectos en los demás casos en el ordenamiento español. *Véase* INVALIDEZ.

Vinculación negativa de la Administración a la ley y al derecho Sistema de AP en que la Administración puede hacer cualquiera cosa que no sea contra las normas jurídicas. *Véase* VINCULACIÓN POSITIVA DE LA ADMINISTRACIÓN A LA LEY Y AL DERECHO.

Vinculación positiva de la Administración a la ley y al derecho Principio según el cual la Administración sólo puede hacer lo que las normas jurídicas expresamente permiten. *Véase* VINCULACIÓN NEGATIVA DE LA ADMINISTRACIÓN A LA LEY Y AL DERECHO y PRINCIPIOS DEL ESTADO DE DERECHO.

Vis absoluta (*Derecho penal*) Fuerza física exterior irresistible. En el análisis de relevancia penal, cabe dentro de la tipicidad objetiva. Un comportamiento humano causado por la vis absoluta no es individualmente evitable, y por tanto, no es jurídicamente relevante.

Vis relativa (*Derecho penal*) Fuerza psicológica o mental irresistible. Un supuesto de vis relativa será, por ejemplo, un comportamiento jurídicamente desaprobado realizado frente a una amenaza de la vida del actor por un tercero.

Vuelo Derecho real sobre un edificio o solar edificable que atribuye a su titular la *facultad de construir* una o más plantas sobre el inmueble gravado y *hacer suya la propiedad* de las nuevas construcciones.

REGISTRO DE MATERIAS

www.ingramcontent.com/pod-product-compliance
Lightning Source LLC
Chambersburg PA
CBHW021604210326

41599CB00010B/596